무엇이 성숙인가

무엇이 성숙인가

지은이 | 조정민
초판 발행 | 2019. 5. 15
14쇄 발행 | 2023. 11.13
등록번호 | 제1988-000080호
등록된 곳 | 서울특별시 용산구 서빙고로65길 38
발행처 | 사단법인 두란노서원
영업부 | 2078-3352   FAX | 080-749-3705
출판부 | 2078-3331

책값은 뒤표지에 있습니다.
ISBN 978-89-531-3470-6 03230

독자의 의견을 기다립니다.
tpress@duranno.com   www.duranno.com

두란노서원은 바울 사도가 3차 전도여행 때 에베소에서 성령 받은 제자들을 따로 세워 하나님의 말씀으로 양육하던 장소입니다. 사도행전 19장 8-20절의 정신에 따라 첫째 목회자를 돕는 사역과 평신도를 훈련시키는 사역, 둘째 세계선교(TIM)와 문서선교 (단행본·잡지) 사역, 셋째 예수문화 및 경배와 찬양 사역, 그리고 가정·상담 사역 등을 감당하고 있습니다. 1980년 12월 22일에 창립된 두란노서원은 주님 오실 때까지 이 사역들을 계속할 것입니다.

나를 바꾸는
예수의 가르침

무엇이
성숙인가

조정민 지음

두란노

contents

길에서 벗어난 줄도 모르고 길 잃은 이들에게

사는 데 가장 중요한 것은 유치원에서 배우는 것들입니다. 신호등 지키는 것, 줄 서서 참고 기다리는 것, 어디서건 소리 지르지 않고 조용히 하는 것, 친구들과 싸우지 않고 사이좋게 지내는 것, 선생님과 부모님 말씀을 귀 기울여 듣는 것… 사는 데 정말 중요한 것들입니다. 어릴 때 배운 이 모든 것들을 일생 기억하고 지킬 수만 있다면 지금 우리가 더불어 살고 있는 세상이 이토록 소란하고 이처럼 혼란스럽지 않을 것입니다.

신앙은 어떻습니까? 크리스천은 어떻습니까? 예수님 설교 한 편만이라도 제대로 듣고 그 말씀대로 산다면 기독교는 이런 모습이 아닐 것입니다. 그 많은 세월 성경을 읽고 그 많은 설교를 듣고 그 많은 헌금을 하는데도… 많은 기독교인의 삶은 기독교와 무관하게 살아가는 사람들에게 별다른 도전을 주지 못할뿐더러 그리 큰 감동도 주지 못합니다. 무엇 때문입니까? 듣고 배운 앎이 손과 발의 삶이 되지 못한 까닭입니다. 그러나 실은 그보다 더 큰 이유가 처음부터 잘못 듣고 잘못 배운 까닭입니다.

그런데 때로 우리가 잘못 배우기도 하지만 혹시 너무 많이 배운 것은 아닐까요? 세상이 이 지경에 이른 것은 혹시 우리가 유치원에서 배운 것을 평생 살아 내도록 몸에 익히기 전에 너무 오래 공부하고 너무 많이 배워 도저히 살아 낼 수 없을 만큼 지식이 많아진 것이 아닐까요? 그것이 오히려 화근이 된 게 아닐까요? 마찬가지로 예수님이 힘껏 서로 사랑하라, 대접 받고 싶은 대로 먼저 대접하라, 말씀하시고 부탁하신 것조차 충분히 살아 내지 못한 채 너무 많은 성경 지식을 지니게 되고 너무 무거운 예배 절차와 의식에 짓눌리게 된 것이 크리스천에게 도리어 화근이 아닐까요?

길 잃은 사람들에는 두 종류가 있습니다. 처음부터 길을 잘못 들어선 사람과 도중에 바른 길에서 벗어난 사람입니다. 신앙의 길을 잃은 두 부류의 사람도 다르지 않습니다. 처음부터 성경이 가리키는 길을 확인하지도 않고 무작정 사람들이 가리키는 길을 따라가는 사람과 처음에는 제대로 떠났지만 어느새 자기 스스로 인도자가 되어 길에서 벗어난 사람입니다. 얼마나 많은 사람이 길에서 벗

7

어났을까요? 얼마나 많은 사람들이 길 잃은 줄도 모른 채 처음부터 길 못 보는 장님을 따라가고 있을까요?

길 잃었을 때 길을 찾는 가장 빠른 길은 출발지로 되돌아가는 것입니다. 신앙의 길을 잃었을 때 가장 빨리 찾는 길은 예수님께로 돌아가는 것입니다. 예수님 첫 설교의 자리로 돌아가 그 발 앞에 앉아 온몸이 귀가 되어 듣고 또 듣는 것입니다. 그 말씀이 전신에 스며들고 마음판에 새겨져 각자가 그 말씀이 될 때까지 듣고 또 듣는 것입니다. 그리하여 내가 이따금 생각하는 말씀이 아니라 그 말씀이 시종 나를 인도하는 걸음을 걷기 시작하는 것입니다. 예수님은 우리 모두가 그 말씀의 사람이 되어 반석 위에 집을 짓기를 원하십니다.

예수님의 첫 설교인 산상수훈을 정리한 《무엇이 성숙인가》를 펴내기까지 꽤 오랜 시간이 걸렸습니다. 그 시간은 나는 과연 그 말씀 듣고 제대로 집을 지었나, 자문하는 시간이었습니다. 여전히 턱없이 부족하지만 그럼에도 불구하고 분명히 모래 위에 집 짓는 사람들에게 다시 예수님의 그 말씀에 함께 귀 기울이자고 간청하고 싶

습니다. 또 길에서 벗어난 줄도 모른 채 길 잃은 사람들에게 그 길이
아니라고 분명히 얘기해 주고 싶습니다. 오직 한 가지 소원입니다.
우리 함께 예수님 제대로 따르는 것입니다. 두란노 가족의 정성스러
운 섬김으로 빚어진 이 책이 주님께서 나를 따르라고 부르시는 그
길을 재차 확인하는 데 작은 도움이 되기를 바랄 뿐입니다.

_____ 2019년 5월

미세먼지로 길이 더 흐려지는 것을 지켜보며

조정민

1

새로운 복

복이란 무엇인가?   마 5:1-12

이 시대 크리스천들은 설교의 홍수 속에 살고 있습니다. 매 주일 드려지는 예배를 통해 이 땅에 선포되는 말씀이 얼마나 많은지 모릅니다. 그런데 그 말씀대로 살고 있다는 흔적이 분명치가 않습니다. 하나님의 말씀을 전하는 자가 셀 수 없이 많고, 하나님의 말씀을 듣는 자도 수없이 많은데 왜 세상은 달라지지 않을까요? 어느 쪽이든 그 말씀대로 살지 않기 때문입니다. 책임은 누가 더 큽니까? 말씀을 전하는 자, 설교자의 책임이 비교할 수 없이 큽니다. 그 말씀대로 살지 않으면서 전하는 말씀이 얼마나 제대로 전해지겠습니까?

그래서 우리는 말씀대로 살지 못하는 목사의 설교가 아니라 말씀대로 사신 예수님의 설교를 직접 들어야 합니다. 우리는 언제나 예수님의 말씀을 가장 먼저 들어야 합니다. 그분께 듣고 또 들어야 합니다. 어떤 목사의 설교보다도 어떤 신학자의 가르침보다도 예수님께로부터 직접 듣고 직접 배우는 편이 낫습니다. 그래서 예수님의 첫 설교인 산상수훈과 그 가르침을 다시 듣고자 합니다.

어떻게 신앙을 지킬 것인가

좋은 음악은 듣고 또 들어도 마냥 좋기만 합니다. 들어도 들어도 또 듣고 싶습니다. 그 음률이 귀에 스치면 마음이 가라앉고 생각이 정돈됩니다. 밥도 매일 먹지만 또 먹고 싶습니다. 먹어도 먹어도 질리지 않습니다. 끼니때가 되면 또 찾게 됩니다. 우리 몸에 유익하기 때문에 그렇습니다. 하물며 생명이요 진리인 말씀은 어떻겠습니까? 예수님의 말씀을 들으면 요동치는 마음이 진정되고 갈피를 잡지 못하던 생각들이 정돈됩니다. 말씀을 읽고 들을수록 내가 살아나고 힘을 얻게 됩니다.

제가 늘 스스로 묻는 질문이 있습니다. 과연 지금 나는 하나님의 뜻을 바르게 따르고 있는가? 정말 크리스천으로서 제대로 살고 있는가? 사실 누구에게도 쉽게 물어보기 어려운 질문입니다. 바른 대답이 두렵기 때문입니다. 그래서 우리는 예수님께 듣고 예수님께 물어야 합니다. 눈을 씻고 보아도 눈에 띄지 않는 예수님 같은 사람을 찾느라 시간을 보낼 일도 아니고, 왜 예수님처럼 그렇게 살지 못하느냐고 누군가를 비난하거나 그에게 분노하며 소일할 일도 아닙니다.

다행히 예수님은 우리 곁에 계십니다. 우리 안에 계십니다. 우리 사이에 계십니다. 말씀으로 계십니다. 예수님은 2천 년 전에도 말씀하셨고 지금도 말씀하고 계십니다. 그동안 그 말씀의 뜻이 변했다면 성경은 가까이할 필요가 없습니다. 그 말씀은 그때나 지금이나 변함없는 뜻을 지니고 있고 변함없는 기준을 알려 주고 있습니다.

우리는 갈수록 불안해지고 갈수록 더 빠르게 타락하는 세상을 어떻게 살아야 합니까? 우리 자녀들에게는 뭘 가르쳐야 합니까? 어떻게 우리 신앙을 지킬 수 있습니까? 다시 귀를 기울여야 합니다. 다시 예수님 발 앞에 앉아야 합니다. 예수님이 설교 후 자주 하시는 말씀이 있습니다. "귀 있는 자는 들으라." 귀는 다 있습니다. 귀 있다고 다 듣습니까? 예수님 당시부터 지금까지 모든 사람들이 귀를 갖고 태어나지만 듣는 사람만 듣습니다. 귀 있다고 듣는 것이 아니라 들을 귀 있는 자만 듣습니다.

예수님은 첫 설교 전에 첫 메시지를 선포하셨습니다. "회개하라, 천국이 가까웠느니라." 세례 요한이 예수님의 길을 예비하면서 선포했던 동일한 메시지입니다. 이 메시지는 우리가 회개하면 천국이 가까이 온다는 뜻이 아닙니다. 회개하라, 왜냐하면 천국이 이미 가까이 왔기 때문이다, 그런 뜻입니다. 회개하라는 말의 원래 뜻에 비춰 보면 이런 말씀입니다.

새로운 복 : 복이란 무엇인가?

"돌아서라. 천국이 가깝다." "가던 길을 돌이켜라. 왜냐하면 하나님 나라가 바로 가까이 있기 때문이다." 여기 있다, 저기 있다도 아니고 멀리 있다도 아니고 죽어서 간다도 아닙니다. 우리가 돌이키는 순간 하나님 나라는 바로 거기에 있습니다.

하나님 나라가 오지 않았다면 돌아서도 소용이 없습니다. 하나님 나라가 내 곁에 있지 않으면 아무리 돌아서도 갈 방법이 없습니다. 예수님이 오셨다는 것은 하나님 나라가 도래했다는 뜻입니다. 하나님 나라는 우리가 찾아가는 곳이 아니라 우리를 찾아오신 예수님입니다. 그래서 우리가 회개한다는 것은 예수님을 향한다는 뜻입니다. 세상을 따르다가 예수님을 따르는 것입니다.

하나님 나라를 소망하는 제자들은 예수님을 찾아 나섰던 사람들이 아니라 예수님이 직접 찾아가셔서 불러들인 사람들입니다. 하나님 나라의 백성이란 과연 누구인가, 어떻게 사는 사람들이 하나님 나라의 백성인가를 가르친 첫 대상은 바로 이 제자들입니다. 예수님을 전혀 모르는 사람들이 아닙니다. 예수님이 부르신 사람들이고 예수님을 따르는 사람들입니다. 저와 여러분 같은 사람들에게 이 첫 설교를 하신 것입니다.

예수께서 무리를 보시고 산에 올라가 앉으시니 제자들이 나아온지라 ____ **마 5:1**

예수님은 이미 알려지셨습니다. 능력이 나타나셨습니다. 병든 사람들이 모여들기 시작합니다. 무리가 따르기 시작합니다. 예수님은 이 무리를 보시다가 산에 올라가 앉으십니다. 앉았다는 것은 가르치겠다는 뜻입니다. 당시 선생들은 앉아서 가르쳤습니다. 예수님이 앉으시자 제자들이 예수님 말씀을 듣기 위해 앞으로 다가옵니다. 이 자리에서 제자들을 향해 첫 설교를 시작하십니다. 무엇이건 처음은 정체성과 방향성을 내포합니다. 예수님의 첫 설교는 하나님 나라 백성의 정체성과 하나님 나라 백성의 삶의 방향성을 내포하고 있습니다.

첫 설교의 서두는 복에 관한 이야기입니다. 즉 팔복입니다. 팔복은 우리가 세상을 살면서 복을 받을 수 있는 여덟 가지 노하우가 아닙니다. 하늘의 복이 임하는 성품과 성격에 관한 이야기이고, 세상 방식의 삶이 아닌 하나님 방식의 삶에 관한 이야기입니다.

사실 성경 특히 구약은 축복과 저주의 책입니다. 어떻게 해야 복 받고 어떻게 하면 저주를 받는지 귀에 못이 박이도록 말씀하신 책이 구약입니다. 그런데 이스라엘 백성들은 하나님의 축복을 받는 백성이 되기 위해 하나님 편에 서겠다는 약속을 저버립니다. 하나님을 바라보고 하나님을 따라가는 것이 축복의 길인데 가나안 땅 백성들을 바라보고 그들의 우상을 따라갔습니다. 가나안 땅과 그 주변 국가 백성들이 살아가는 방식이

새로운 복 : 복이란 무엇인가?

부럽고 또 그렇게 살고 싶어서 하나님을 애써 외면하더니 마침내 그들의 우상을 숭배하기 시작했습니다. 이스라엘 백성은 왜 그들을 따라갔습니까? 그 길이 복되다고 생각했기 때문입니다. 그들의 삶의 방식이 제대로 행복을 추구하는 길이라고 착각했기 때문입니다. 즉 가나안 방식의 삶이 행복이고 웰빙이라고 믿기 시작한 것입니다.

맞습니까? 그 삶의 방식이 웰빙입니까? 도리어 몸이 상하고 영혼이 부패하는 길입니다. 웰빙 웰빙 하다가 어느 순간 반드시 힐링 힐링 하게 되는 삶입니다. 하나님께서 일찍이 말씀하셨습니다.

> 3 너희는 너희가 거주하던 애굽 땅의 풍속을 따르지 말며 내가 너희를 인도할 가나안 땅의 풍속과 규례도 행하지 말고 4 너희는 내 법도를 따르며 내 규례를 지켜 그대로 행하라 나는 너희의 하나님 여호와이니라 5 너희는 내 규례와 법도를 지키라 사람이 이를 행하면 그로 말미암아 살리라 나는 여호와이니라 ____ 레 18:3-5

당시 이스라엘 백성들은 세상에서 가장 촌스럽고 천박해 보이는 사람들이었습니다. 430년간 노예로 살았으니 오죽했겠습니까? 그러나 하나님은 그들이 내심 부러워하고 닮고자 하던 애굽에서의 삶의 방식이 사는 길이 아니라 죽는 길이라고 말

씀하십니다. 그토록 배우고 싶고 따르고 싶은 애굽 방식과 가나
안 방식의 삶이 사는 길이 아니라 죽는 길이라는 것입니다. 진
정 사는 길은 하나님의 규례와 법도, 하나님이 가리키는 방향을
따라가는 길이라고 말씀하십니다. 그러니 애굽이든 가나안이든
그들의 풍속과 규례, 문화, 시스템은 답이 아니다, 제발 그 길을
따르지 말라고 말씀하십니다.

하지만 하나님의 백성들은 하나님의 규례와 법도를 벗어
나 가지 말라고 하는 길로 갔습니다. 애굽 방식의 삶으로 되돌
아갔고, 가나안 방식의 삶을 뒤쫓아 갔습니다. 그 결과 가나안
땅에 들어가 잠시 동안 함께 모여 살았으나 남북으로 갈라지고
끝내 앗수르와 바벨론에게 포로로 잡혀가고 말았습니다. 포로
에서 풀려나 돌아온 뒤에도 다시 그리스와 로마의 지배를 받았
습니다.

예수님은 이때 오셨습니다. 소망이 끊어진 때 오셨습니
다. 아무도 희망을 말하지 않을 때 누구든지 하나님 나라로 초
청하기 위해 오셨습니다. 이게 좋은 소식 곧 복음입니다. 우리
의 행복과 웰빙을 위해서 오셨기 때문에 복음이 아닙니다. 우리
에게 힐링의 길을 소개하러 오셨기 때문에 복음이 아닙니다. 이
대로 계속 가면 반드시 죽는다는 것을 알려 주셨기에 복음입니
다. 우리가 즉시 돌이켜야 한다는 것을 알려 주셨기에 복음입니
다. 돌이키기만 하면 하나님 나라가 바로 곁에 있다고 알려 주

새로운 복 : 복이란 무엇인가?

서서 복음입니다.

이를 혁명이라고 해석하는 분들도 있습니다. 예수님은 세상을 뒤엎고자 한 혁명가가 아닙니다. 인간의 삶을 개선하고 개혁하고 혁명하고자 하신 것이 아닙니다. 그 방향이 아닙니다. 그것 또한 땅의 생각입니다. 그런 방향성을 가진 사람들이 당시 네 부류가 있었습니다. 바로 바리새파(Pharisees), 사두개파(Sadducees), 에세네파(Essenes), 열심당(Zealot)입니다.

바리새인들은 신앙의 정통성과 율법의 회복이 먼저라고 생각했습니다. 바리새인들은 현실을 무시한 채 오직 율법에 집착한 나머지 형식주의자, 율법주의자들이 되고 말았습니다. 사두개인은 현실주의자들입니다. 로마 권력과 결탁하고 적당히 타협함으로써 실리를 얻고자 했던 정치, 종교 세력입니다. 에세네파는 메시아를 기다리며 세상과 완전히 단절된 삶을 살았던 일종의 현실도피주의자들입니다. 열심당원들은 칼을 차고 다니는 민족주의적 혁명 세력입니다. 무력이 아니고서는 세상을 바꿀 방법이 없다고 믿는 사람들입니다. 이들은 입으로만 메시아를 외치는 사람들을 경멸했습니다.

예수님은 이들 중 어느 편에 있습니까? 어느 쪽을 가장 선호하셨습니까? 예수님은 보수와 진보 어느 쪽을 지지하셨습니까? 좌우 어느 쪽입니까?

예수님은 어느 편을 든 것이 아니라 그 모든 주장과 갈등

한가운데 서십니다. 그리고 모든 것의 종식을 선언하십니다. 마치 2차대전 이후 계속되던 냉전 체제의 종식을 선언한 것과도 같습니다. 1989년 12월 2일 지중해 몰타에서 조지 부시 미국 대통령과 미하일 고르바초프 소비에트 연방 서기장이 냉전 시대의 종식을 선포했습니다. 그 선포는 한 시대의 종언을 뜻하는 것이었습니다. 그러나 당장 핵무기를 다 없애지는 않았습니다. 즉시 베를린 장벽을 철거한 것도 아닙니다. 소련의 동구 주둔군이 하루아침에 철수한 것도 아닙니다. 그러나 이 모든 현상이 이 선언을 기점으로 일어나게 됩니다. 저는 개인적으로 그 역사의 현장에서 냉전 종식의 뉴스를 전하면서 가슴이 뛰는 것을 경험했습니다. 한반도에도 새로운 변화가 있겠구나, 그런 기대를 하면서 그 뉴스를 전했습니다. 그 선언은 분명 이념 대결로 치닫던 인류 역사의 물줄기를 탈이념시대로 바꾸어 놓았습니다. 그러나 그 선언에도 불구하고 세계는 다시 신냉전의 기류를 형성하고 있습니다.

그러나 예수님의 선언은 다릅니다. 인류 역사의 물줄기를 냉전에서 탈냉전으로 바꾼 것에 비할 바가 아닙니다. 산에서 말씀을 선포하셨기에 산상수훈이라고도 하고, 하나님 나라의 새 기준을 선포하셨기에 천국대헌장이라고도 하는 이 선포야말로 진정 인류 전체의 흐름을 바꾸어 놓은 선언입니다. 인류의 물줄기를 죽음에서 생명으로, 종교의 속박에서 신앙의 자유로,

새로운 복 : 복이란 무엇인가?

율법의 사슬에서 은혜의 손길로 바꾸어 놓았습니다. 인류 구원의 흐름을 완전히 바꿔 놓았습니다.

또한 예수님의 이 선포는 인간의 행복과 웰빙의 모든 전제가 인간이 지금 살아가는 방식과는 반대라는 것을 알려 주는 것이었습니다. 세상 사람들처럼 살아서는 진정한 복과 진짜 웰빙은 불가능하다는 것입니다. 하나님 나라의 복은 세상 복과 정반대라는 것입니다. 복 받는 비결을 배우겠다고 평생을 바친 사람들, 지금 누리고 있는 것이 복의 전부라고 믿었던 사람들에게 얼마나 충격적이었을까요? 얼마나 그 충격이 컸던지 결국 예수님을 사형장으로 끌고 갑니다.

우리는 앞으로 그 충격의 메시지를 계속 들을 것입니다. 이 메시지를 계속 들으면 절망합니다. 예수님을 따른다는 것은 실로 불가능한 일이구나 혹은 예수님 따른다고 섣불리 나설 일이 아니구나, 그런 생각이 들게 됩니다. 예수님께서 이 말씀을 시작하신 것도 바로 그런 목적입니다. 나를 따른다는 것은 세상에 역행하는 일이다, 세상에서 너희들이 이루고자 하는 것과는 정반대의 길이다, 그 말씀을 하신 것입니다.

가난한 마음에 임하는 하나님 나라

이스라엘 백성은 아브라함의 직계 자손이라는 자부심으로 살아왔습니다. 조상 아브라함이 복의 근원이었기에 이스라엘 백성은 끝없이 하나님의 축복에 관심을 가져왔습니다. 그러나 그들이 꿈꾸던 복은 부와 성공과 건강에 집중된 것입니다. 때문에 가나안 땅에 들어가 그들이 타락한 것은 이 잘못된 복의 기준에서 비롯됩니다.

예수님의 첫 설교는 이 기준부터 바로잡는 것이 목적입니다. 하나님 나라의 복은 지금 너희들이 죽을힘을 다해 추구하고 있는 그 복이 아니다, 그 복과는 완전히 다른 복이다, 그런 말씀으로 포문을 엽니다. 그래서 예수님의 약속은 새 언약입니다. 그리고 예수님의 제자들은 새 언약 백성들입니다. 이 새 언약 백성들의 새 이름이 교회입니다. 교회에 알려 주신 새로운 복의 기준이 무엇인지 보겠습니다.

> 3 심령이 가난한 자는 복이 있나니 천국이 그들의 것임이요 4 애통하는 자는 복이 있나니 그들이 위로를 받을 것임이요 5 온유한 자는 복이 있나니 그들이 땅을 기업으로 받을 것임이요 6 의에 주리고 목마른 자는 복이 있나니 그들이 배부를 것임이요 ___ 마 5:3-6

새로운 복 : 복이란 무엇인가?

심령이 가난한 자, 애통하는 자, 온유한 자, 의에 주리고 목마른 자, 이 사람들이 복 있는 사람들입니다. 세상에서 이들은 복 있는 사람들이 아닙니다. 이런 복은 준다고 해도 받을 사람이 없는 복입니다. 그러나 하나님 나라의 복은 이런 마음을 지닌 사람, 이런 성품을 지닌 사람들에게 임하는 것입니다. 이 복은 하나님과의 관계에서 비롯되는 복입니다. 그리고 따로따로 떨어진 복이 아닙니다.

심령이 가난한 사람, 마음이 가난한 사람이란 하나님을 늘 갈망하는 사람입니다. 하나님밖에 기댈 데가 없는 사람입니다. 하나님을 갈망하면 갈망할수록 마음이 가난해집니다. 그 가난해진 마음에 하나님 나라가 임하게 됩니다. 나는 하나님 없어도 상관없다, 나는 하나님 아니라도 사는 데 아무 불편이 없다, 이런 사람은 마음이 가난할 수 없습니다. 세상을 좇고 또 좇으니 그 마음에 군살이 붙고 묵은 때가 덕지덕지 끼어서 하나님을 갈망하는 것을 잊어버립니다. 이런 사람은 애통한 마음도 없습니다. 그들은 하나님이 내 눈에 안 보이는 데 따른 슬픔과 비통함이 없습니다. 그들은 하나님의 위로가 필요 없습니다. 돈과 성공과 건강의 위로로 족합니다. 그런데 무슨 애통함이 있겠습니까?

마음이 가난한 사람과 애통한 사람은 작은 일에도 감사가 있습니다. 하나님의 손길이 닿기만 하면 감사가 있고 눈물이 있습니다. 하나님에 목마른 사람들은 하나님의 임재 즉, 하나님이 계신다는 사실을 아는 것 자체가 복입니다. 하나님만으로 기쁨을 누립니다. 그들의 성품은 온유합니다. 그들은 사납지 않습니다. 그들은 친절합니다. 그들은 말이 독하지 않습니다.

모세는 그가 가진 권력과 힘으로 정의를 실현하고자 했으나 그 결과는 살인자가 되었을 뿐입니다. 그런 그가 내가 할 수 있는 일이라곤 단 하나도 없다는 걸 알게 되었을 때 하나님으로부터 '지면에서 이보다 온유한 사람이 없다'는 말을 듣게 되었습니다. 하나님이 그를 이스라엘 백성을 애굽 땅에서 구원해 내는 지도자로 세우셨고 이 온유한 마음 때문에 그는 하나님 나라를 유업으로 받게 됩니다.

온유한 마음은 온 땅에 하나님의 사랑과 공의가 차고 넘치기를 갈망합니다. 이 온유한 마음은 늘 하나님의 의를 갈망합니다. 부정과 부패, 불의가 넘치는 이 세상에 하나님의 공의가 강처럼 흐르기를 갈망합니다. 그들은 내가 가진 것이 많아질 때 배부른 것이 아니라 하나님의 공의가 실현될 때 비로소 배부릅니다.

예수님이 이 말씀을 선포하실 때 제자들이 이런 사람들이었습니까? 이런 복을 아는 사람들이었습니까? 아닙니다. 여전히 그들의 마음은 세상 것들로 가득 차 있었습니다. 그렇다면 이 말씀, 새로운 복에 대한 말씀은 왜 하십니까? 하나님 나라의

새로운 복 : 복이란 무엇인가?

백성, 앞으로 교회라고 부를 공동체 사람들은 이런 성품의 사람들이 되어야 한다는 말씀이지요.

교회는 마음이 가난해야 합니다. 언제나 하나님을 갈망하는 마음이어야 합니다. 교회는 애통한 마음이 있어야 합니다. 교회는 형제와 자매들의 고통과 고난에 대해, 이웃의 고통과 고난에 대해, 그리고 세상의 고통과 고난에 대해 애통하는 마음이 있어야 합니다. 교회는 온유해야 합니다. 날카로운 눈매가 아닙니다. 사사건건 지적하는 손가락이 아닙니다. 부드러운 눈길입니다. 교회는 파헤치는 은사가 아니라 덮어 주고 가려 주는 은사가 필요한 곳입니다. 잘못을 은폐하자는 것이 아닙니다. 세상의 혈기로 하나님 나라가 오는 것이 아니라는 것입니다.

아프리카의 어느 부족에선 누군가의 잘못이 드러났을 때 그 사람을 한가운데 세우고 잘못을 나무라는 것이 아니라, 그 사람이 지금까지 잘해 온 것을 돌아가며 칭찬해 준다고 합니다. 그럼으로써 그가 다시는 똑같은 잘못을 저지르지 않도록 하는 것입니다. 이는 마음이 가난한 사람들의 방법이고, 애통한 마음을 가진 사람들의 방법이며, 온유한 사람들의 방법이요, 의에 주리고 목마른 사람들의 방법입니다. 이 방법은 하나님과 친밀한 관계에서 비롯된 방법입니다. 하나님이 우리를 돌이키시기 위해 마음을 졸이시고, 우리의 죄악에 대해 언제나 애통해하시고, 우리의 거듭된 실수와 죄악에도 온유함으로 인내하시고, 우리가 하나님의 성품으로 의로워질 때까지 포기하지 않으시는 그 마음, 하나님의 마음에서 비롯된 것입니다.

하나님 나라는 하나님의 성품으로 시작됩니다. 하나님 나라는 하나님의 사람들로 시작됩니다. 하나님 나라는 하나님 백성들의 예배로 시작됩니다. 하나님을 예배하는 이 마음이 가난한 마음이고 애통한 마음이고 온유한 마음이고 의에 주리고 목마른 마음입니다. 이 마음이 복입니다. 이 마음에 임하는 하나님 나라가 복입니다.

그래서 하나님의 사람들은 서로에 대해서 어떤 삶의 방식을 보일까요?

하나님 나라의 백성으로 산다는 것은

7 긍휼히 여기는 자는 복이 있나니 그들이 긍휼히 여김을 받을 것임이요 8 마음이 청결한 자는 복이 있나니 그들이 하나님을 볼 것임이요 9 화평하게 하는 자는 복이 있나니 그들이 하나님의 아들이라 일컬음을 받을 것임이요 10 의를 위하여 박해를 받은 자는 복이 있나니 천국이 그들의 것임이라 ____ 마 5:7-10

하나님과의 관계에서 먼저 하나님의 성품이 빚어지면 이

웃에 대해 긍휼한 마음이 생깁니다. 우리가 이웃에 대해 긍휼한 마음을 가질수록 하나님도 우리를 더욱 긍휼히 여기십니다. 긍휼한 마음에는 먼저 사악함이 없습니다. 긍휼한 마음에는 악함이 없습니다. 긍휼한 마음이 곧 깨끗한 마음, 청결한 마음이고, 이 마음이 바로 하나님의 마음이고 하나님이 거하시는 곳입니다. 이 마음은 사람과 사람, 관계와 관계를 화평케 합니다. 이 마음, 이 성품을 가진 사람들이 화평케 하는 사람들입니다. 어디를 가도 분쟁을 일으키는 사람이 아니라 분쟁을 가라앉히는 사람들입니다. 그들이 하나님의 아들, 하나님의 딸입니다.

당신 때문에 갈등과 다툼이 생깁니까? 아니면 갈등과 다툼이 사라집니까? 갈등과 다툼이 사라지면 하나님의 자녀가 맞습니다. 그 화평을 위해 애쓰다가 겪는 억울한 일들이 고난입니다. 그런데 놀랍게도 그 고난 속에 천국이 있습니다. 모든 고난 속에 하나님 나라가 있는 것이 아닙니다. 내 잘못으로 내 욕심으로 겪는 고난이 아니라 긍휼을 베풀다가, 깨끗한 마음으로 남을 돕다가, 다툼과 분쟁을 해결하기 위해 뛰어들었다가 겪는 고난 가운데 하나님 나라의 씨앗이 뿌려집니다.

예수님의 목적은 하나님 나라에 있습니다. 하나님 나라의 회복을 위해 오셨습니다. 하나님 나라 백성들을 새롭게 창조하기 위해 오셨습니다. 새 언약을 위해 오셨습니다. 세상에서 불러낸 사람들, 새 언약을 마음판에 새길 사람들, 이 땅에서부터 하나님 나라의 백성이 될 사람들에게 하신 이 말씀이야말로 놀라운 신언입니다. 이 말씀은 이스라엘 백성들이 처음 듣는 것입니까? 아닙니다. 하지만 2천 여년 세월이 흐르는 동안 그들은 하나님을 오해하고 하나님을 자신의 전유물로 여기고 하나님이 마치 나의 행복과 웰빙과 힐링을 위해 존재하는 것처럼 여기면서 살게 되었습니다. 예수님은 살아도 사는 것이 아니고 오히려 죽음의 길로 내달리는 백성들을 생명의 길로 되돌리기 위해 이 말씀을 하고 계십니다.

그렇다면 당시 네 부류의 사람들에게 결과적으로 어떤 메시지를 선포하신 것입니까? 우선 바리새인들에게는 하나님 나라란 형식적이고 외적인 의식에 있는 것이 아니라 내적이고 영적인 것이며, 하나님 나라는 내 안의 성품과 성격에 있다는 것을 알려 주십니다. 겉으로는 무엇인가 된 것 같은데 아무것도 된 것이 없는 사람들, 겉으로는 변해도 너무 변한 것 같은데 속으로는 단 한 가지도 변한 것이 없는 사람들에게 예수님은 이 팔복의 기준을 통해서 단호하게 말씀하십니다. 마음 밭을 갈아 엎지 않고는 아무것도 되지 않는다는 것입니다. 나중에 예수님은 씨 뿌리는 자의 비유를 통해 다시 말씀하십니다. 길가, 돌밭, 가시떨기에 하나님 나라가 임할 수 없다는 것입니다. 오직 부드러운 옥토에서만이 하나님 나라의 뿌리가 내리고 열매가 맺힌다는 것입니다.

새로운 복 : 복이란 무엇인가?

사두개인들에게는 어떤 메시지를 주십니까? 하나님 나라는 세상의 방식, 세상의 기준으로 해결되지 않는다는 것입니다. 우리 눈에는 합리적이고 효율적이면 될 것 같습니다. 무슨 문제건 타협하고 실리를 따르면 될 것 같습니다. 그러나 하나님 나라는 합리성과 효율성으로 이룰 수 있는 나라가 아닙니다. 하나님 나라는 정치적, 경제적 발상으로 이루어지는 나라가 아닙니다. 하나님 나라는 오직 하나님의 방법으로 이루어지는 나라입니다. 그 나라는 내 나라도 아니고 내 뜻대로 되는 것도 아닙니다. 하나님이 말씀하시고 하나님이 명령하신 방법으로만 이루어지는 나라입니다. 하나님을 갈망하는 가난한 마음이 흘러갈 때 이뤄지는 나라입니다.

에세네파 사람들에게는 어떤 말씀을 하신 것입니까? 단지 우리가 금식하고 혹독하게 절제하며 연단하는 것이 하나님 나라를 이루는 방법이 아니라는 것입니다. 우리는 신비주의에 곁눈질하고 현실도피적인 삶에도 호기심을 갖지만, 하나님 나라는 우리 성품과 성격의 문제이고 마음의 문제이지 신비한 능력이나 세상과 벽을 쌓고 고고하게 사는 길에 있지 않다는 것입니다.

늘 혁명을 꿈꾸는 열심당원들에게는 뭐라고 하십니까? 하나님 나라는 폭력이나 물리적 방법으로 성취되는 것이 아니라는 것입니다. 유사 이래 인간의 이념이나 물리적인 혁명으로 하나님 나라가 이루어진 적이 없습니다. 폭력은 폭력을 부르고 혁명은 혁명을 부릅니다.

인간이 발상해서 세운 모든 제도는 이 악순환의 사이클을 확장하지 말자는 소극적인 대응일 뿐입니다. 그러므로 모든 국가의 사법제도는 최소한의 정의를 목적으로 합니다. 함무라비 법전이 그 효시입니다. 눈에는 눈, 이에는 이로 보복하는 것이 인간의 정의입니다. 그냥 내버려 두면 한 눈에는 두 눈으로 보복하고, 이빨 하나에 이빨 다섯으로 보복하는 것이 죄인들의 심성이기 때문에 동형보복(同型報復)의 원칙을 세운 것이 인간이 생각하는 정의의 골격입니다. 따라서 이 방법은 최소한의 악을 목적으로 하는 것이지 악이 사라지는 하나님 나라의 도래가 목적이 아닙니다.

왜 베이직교회가 시스템 없이 가려고 합니까? 시스템은 편합니다. 시스템은 효율적입니다. 그러나 시스템은 우리의 가난한 마음을 앗아 갑니다. 효율성은 권력의 토대를 마련합니다. 시스템은 애통한 마음을 점점 앗아 갑니다. 내 구역 식구가 아니면 상관없습니다. 내 사역이 아니면 나 몰라라 합니다. 시스템은 온유한 성품을 바꿔 놓습니다. 시스템을 벗어나면 문책하면 됩니다. 시스템이 고장 나거나 작동하지 않으면 시스템의 범위 안에서 바로잡는 것으로 족합니다. 최소한으로 서로 만족해야 하고 그렇게 하자고 합의한 것이기 때문입니다.

새로운 복 : 복이란 무엇인가?

하나님 나라는 어떤 곳입니까? 가정과 같은 곳입니다. 가난한 마음이 있습니다. 사랑해도 더 사랑하고 싶은 사람들이 있는 곳입니다. 하나님에 대한 갈망이 늘 있는 곳입니다. 애통한 마음이 있는 곳입니다. 가족 중에 한 사람만 아파도 다 같이 아파하는 마음입니다. 그 마음으로 기도하는 사람들이 있습니다. 온유함이 넘치는 곳입니다. 사랑하기 때문에 가난한 마음이고 사랑하기 때문에 애통한 마음이고 사랑하기 때문에 온유한 마음이고 사랑하기 때문에 늘 하나님의 의에 주리고 목마른 마음입니다.

하나님 나라는 그러나 가정을 넘어서는 곳입니다. 더 큰 공동체로 그 사랑이 흘러가는 곳입니다. 긍휼함이 흘러넘치고 청결함이 흘러넘치고 화평이 흘러넘치고 그 모든 것 때문에 자주 고난이 흘러넘치는 곳입니다. 그러나 예수님의 위로가 또한 흘러넘칩니다.

11 나로 말미암아 너희를 욕하고 박해하고 거짓으로 너희를 거슬러 모든 악한 말을 할 때에는 너희에게 복이 있나니 12 기뻐하고 즐거워하라 하늘에서 너희의 상이 큼이라 너희 전에 있던 선지자들도 이같이 박해하였느니라 _____ 마 5:11-12

예수님 때문에 욕 들어 보셨습니까? 예수님 때문에 손해 보셨습니까? 예수님 때문에 거짓 음해와 악한 뒷말을 들어 보셨습니까? 그 말 듣는 것이 복입니다. 이해가 되십니까? 동의가 되십니까? 그 말 듣고 기뻐하고 즐거워하라고 하십니다. 동의가 되십니까? 이해가 되십니까? 잘 안 됩니다. 그러나 한 가지 보장이 우리를 위로합니다. 그때 상이 있다는 것입니다. 상이 크다는 것입니다. 선지자들도 다 그랬다는 것입니다. 성경을 왜 읽습니까? 이걸 확인하기 위해서입니다. 왜 믿습니까? 확인하고도 쉽게 동의가 되지 않아서입니다. 왜 기도합니까? 이 동의를 성령님이 보증해 주시기 때문입니다. 왜 예배드립니까? 어렵고 힘들어도 하나님이 함께하시기 때문입니다.

2

소금과 빛

흔적 없이 사라지고 있는가?   마 5:13-20

예수님은 복의 기준을 완전히 뒤엎는 말씀으로 제자들의 머리를 뒤흔들어 놓았습니다. 예수님이 나를 따르라고 해서 따르기는 하지만 이 제자들의 머릿속은 세상 사람들과 하등 다를 바가 없습니다. 어떻게 하면 예수님 덕분에 복 받아서 뒤처진 내 인생을 만회할 수 있을까, 어떻게 하면 저만치 앞서가는 사람들의 복을 훌쩍 뛰어넘을까를 꿈꾸는 제자들입니다. 예수님은 그런 제자들 안에 있는 복에 대한 갈증을 풀어 주는 것이 아니라 왜 복에 목마르게 되었는지를 알려 주십니다.

예수님은 세상의 성공과 건강과 행복이라고 하는 복을 통해서 하나님 나라가 이루어지는 것이 아님을 분명하게 말씀하십니다. 하나님 나라는 하나님으로 목마른 사람, 하나님을 열망하는 사람들의 내면에서 시작된다는 것을 말씀하십니다.

세상의 복과 전혀 다른 차원의 복을 누리는 이 사람들이야말로 하나님 나라를 이 땅에서 성취하는 사람들입니다. 그 사

소금과 빛 : 흔적 없이 사라지고 있는가?

람들의 정체성은 과연 어떤 것이고 정말 하나님 나라의 복을 누리는 사람들은 누구일까요? 예수님은 그들을 이 세상의 소금이요 빛이라고 말씀하십니다.

소금의 역할

우리가 이 세상의 소금과 빛이라는 것은 귀에 익숙한 말씀이지요. 빛과 소금 같은 사람으로 살게 해달라고 자주 기도하지 않습니까? 그런데 그런 기도는 사실 할 이유가 없습니다. 내가 나인데 내가 되게 해달라고 하는 기도와 같기 때문입니다. 제가 조정민인데 조정민 되게 해달라고 기도하겠습니까? 그렇게 기도하면 이상하지요. 예수님은 크리스천이란 소금이다 빛이다 말씀하십니다. 그 정체성을 알려 주셨는데 크리스천이면서 그렇게 살게 해달라고 할 이유가 없지요. 팔복의 사람들이야말로 하나님의 사람들이고, 이 사람들은 지금 세상의 빛이고 소금이라는 것입니다.

소금은 어떤 역할을 합니까? 녹아서 맛을 내는 존재이지요. 음식의 맛을 내기 위해 소금은 반드시 녹아야 합니다. 소금의 운명은 사라지는 것입니다. 소금의 형태가 사라져야 합니다. 소금 알갱이로 남아 있어서는 소용이 없습니다. 소금이 사라져야 짠맛이 납니다. 소금이 다 녹아야 음식이 부패하지 않습니다. 따라서 소금은 맛의 완성이고 음식의 완성입니다. 특히 음식이 부패한다면 음식 잘못이 아닙니다. 소금 때문입니다.

만약 소금이 녹지 않고 점점 더 굵어지고 더 강해진다면 어떻게 되겠습니까? 음식과 아무 상관이 없게 됩니다. 그래서 소금은 음식에 뿌려지면 자신이 녹지 않기 위해 몸부림치지 않습니다. 또 녹지 않으려고 사투를 벌이는 법도 없습니다. 소금이 녹는 모든 과정은 소리 없이 흔적 없이 진행됩니다. 예수님은 제자들에게 소금처럼 변해라, 소금이 되도록 노력해라, 그렇게 부탁하시지 않습니다. 너희들은 소금이다, 그렇게 알려 주십니다.

> 너희는 세상의 소금이니 소금이 만일 그 맛을 잃으면 무엇으로 짜게 하리요 후에는 아무 쓸 데 없어 다만 밖에 버려져 사람에게 밟힐 뿐이니라 _____ 마 5:13

문제는 소금이 짠맛을 내지 못할 때입니다. 짠맛이 없는 소금은 원래 소금이 아닙니다. 소금은 형태에 달려 있지 않습니다. 오직 맛에 달려 있습니다. 그러니 짠맛이 나지 않는다면 그 소금은 당연히 밖에 버려질 것이고 사람들이 밟고 다니게 될 것입니다. 소금이 아니었다면 버려질 이유가 없습니다. 다른 용도

소금과 빛 : 흔적 없이 사라지고 있는가?

로 쓰면 그만입니다. 그러나 소금은 다릅니다. 오직 짠맛에 존재 이유가 있고 가치가 있습니다. 짠맛을 내는 것이 소금의 전부입니다. 짠맛이 없으면 소금도 아니고 소금병에 있을 이유도 없고 부엌 찬장에 있을 이유도 없습니다.

크리스천이란 이런 존재입니다. 가만두면 부패하는 세상에서 오직 짠맛을 내서 세상이 썩지 않도록 하는 존재입니다. 예쁜 소금병에 담아 진열하기 위해 있는 것이 아닙니다. 소금을 뿌리지 못해 세상이 계속 부패한다면 크리스천의 존재 이유와 목적, 가치는 사라진 것입니다. 사람들 발에 밟히는 것 외에 달리 길이 없습니다. 조롱 받고 무시당하는 외에 다른 대접이 없습니다. 이 시대 크리스천이 왜 조롱 받고 핍박 받는지 그 이유가 명백해졌습니다. 녹지 않아서입니다. 짜지 않아서입니다. 세상이 계속 부패하기 때문입니다.

세상이 부패한다고 해서 타 종교가 비난 받을 일은 많지 않습니다. 오히려 각종 종교와 유사 종교는 인기가 오릅니다. 명상도 요가도 점점 부흥합니다. 템플스테이와 각종 힐링 프로그램이 인기입니다.

그러나 교회는 다릅니다. 교회는 세상의 부패와 관련해서 하나님이 유일하게 책임을 묻는 곳입니다. 왜 그렇습니까? 예수님이 우리더러 소금이라고 그 정체성을 알려 주셨기 때문입니다. 종교는 소금처럼 되라고 말할 수 있고 소금을 닮으라고 조언

할 수 있습니다. 그러나 크리스천은 아닙니다. 왜입니까? 소금 같아야 할 존재가 아니기 때문입니다. 소금처럼 생긴 존재가 아니기 때문입니다. 크리스천은 곧 소금이기 때문입니다.

왜 세상이 스스로 타락하고서도 오히려 크리스천을 비난하는지 아시겠습니까? 왜 예수님이 스스로 타락한 사람들보다 그 사람들을 향해 돌을 드는 소금 같은 사람들에게 노기가 서린 눈으로 쳐다보는지 아시겠습니까? 예수님은 지금 타락한 세상을 나무라는 게 아닙니다. 부패한 세상을 나무라는 게 아닙니다. 간음한 여인을 나무라는 게 아니라 간음한 여인에게 돌을 드는 바리새인들과 종교인들을 나무라는 것입니다. 주님은 세상이 이토록 음란하고 타락한 것에 대해 우리에게 그 책임을 물으십니다. 저들이 왜 구원에 이르지 못했는지, 저들이 왜 타락에서 헤어나지 못하고 점점 더 구렁텅이로 빠지고 있는지, 그 책임을 저와 여러분에게 물으실 것입니다.

어느 토요일 낮과 밤에 두 번이나 결혼 주례에 섰는데요, 어떤 분들은 펄쩍 뛰면서 토요일 주례를 반대합니다. 토요일은 종일 전화도 안 받는 목사도 있습니다. 주일 설교를 준비해야 하기 때문입니다. 목사가 설교 준비하는 것이야말로 하나님과의 약속이고 성도들과의 선약이기 때문입니다. 맞습니다. 목회자가 주일 설교에 마음과 정성을 기울여야지요. 그런데 어떤 결혼식장에 가면 거의 대부분 예수 믿지 않는 사람들이 앉아 있

소금과 빛 : 흔적 없이 사라지고 있는가?

습니다. 그들 중 어떤 사람은 일생 동안 단 한 번도 복음을 듣지 못했을 수도 있습니다. 그래서 저는 아내가 토요일에 주례 서지 말라고 그렇게 말려도 가지 않을 수가 없습니다. 주일 설교를 듣는 성도들은 이미 예수님도 알고 복음도 들어 알지만 결혼식 장에 있는 사람들은 대다수가 예수님을 모르니까 가는 겁니다.

주례를 위해 제가 자주 전하는 말씀 가운데 하나가 고린도전서 13장 11절 말씀입니다.

> 내가 어렸을 때에는 말하는 것이 어린아이와 같고 깨닫는 것이 어린 아이와 같고 생각하는 것이 어린아이와 같다가 장성한 사람이 되어서는 어린아이의 일을 버렸노라 _____ **고전 13:11**

세상의 문제는 어린아이 같은 어른들이 만듭니다. 미숙한 어른들 때문에 세상이 어지럽습니다. 그런데 이 미숙한 어른들, 어른아이들의 문제는 그 원인이 한결같습니다. 사랑 결핍증입니다. 사실 사랑이 부족하다기보다 사랑을 아예 모릅니다. 사랑 받아 본 적도 없고 사랑해 본 적도 없습니다. 사랑이 무엇인지도 모르고 살았고 어쩌면 평생 모르고 죽을 수도 있습니다. 그래서 어른이 되려야 될 수가 없습니다.

어른이 되는 길은 오직 한 가지밖에 없습니다. 예수님을 아는 것입니다. 교회 다니는 것이 아닙니다. 예수님을 아는 사람한테 예수님을 소개 받는 것입니다. 예수님의 사랑을 전하는 사람을 만나는 것입니다. 예수님의 사랑을 받아야 비로소 어른이 됩니다. 그때 비로소 어른아이들이 아이 티를 벗고 어른스러워질 수 있습니다.

저는 세상을 바꿔 보고 싶어서 지난 25년간 열심히 기자 생활을 했습니다. 그 결과 진실을 말하는 것으로는 세상이 바뀌지 않는다는 결론을 얻었습니다. 그즈음 정치권 입문을 제안 받기도 했지만 고사했습니다. 이유는 한 가지입니다. 권력으로는 세상이 본질적으로 바뀌지 않기 때문입니다. 세상이 바뀌는 길은 오직 복음밖에 없습니다. 오직 사랑밖에 없습니다. 그래서 목회자가 되었습니다. 그런데 목회자가 되고 보니 크리스천이 세상 사람보다 더 미숙하고 더 어른스럽지 못한 현실에 부딪쳤습니다. 많은 크리스천이 더 이기적이고 고집불통이고 탐욕스럽고 교만합니다. 예수님이 당시에 가장 많이 나무랐던 바로 그 종교인들이 지금도 교회에 모여 있습니다.

어떻게 어른스러워집니까? 복음이 일으키는 변화는 언제나 어디서나 동일합니다. 참된 구원이 가져다주는 변화는 어느 누구든지 같습니다. 더 이상 나 먼저가 아닙니다. 내 욕구, 내 욕망, 내 탐욕을 채우는 것이 먼저가 아닙니다. 내 권리가 먼저가 아니라 내 책임이 먼저라는 것을 깨닫습니다. 그때 비로소 나를 주장하기보다 남을 경청하게 됩니다. 삼세 번 참는 것이

소금과 빛 : 흔적 없이 사라지고 있는가?

아니라 오래 참고 끝까지 참게 됩니다.

　어른은 믿음, 소망, 사랑 가운데 제일 소중한 것이 사랑이라는 것을 압니다. 어른은 사랑하는 길이 오직 사랑 받는 길임을 압니다. 그래서 어른은 어린아이의 말을 더 이상 하지 않고, 어린아이의 깨달음 수준을 벗어나며, 어린아이의 사고방식을 버리게 됩니다. 어린아이의 행실을 완전히 청산합니다.

　세상이 달라지는 길이 아이 같은 어른이 진짜 어른 되는 것 말고 어디 있겠습니까? 매일같이 싸우던 형제가 서로 사랑하며 사는 길이 진짜 철나는 것 외에 무슨 방법이 있습니까? 그래서 제 주례사의 주제는 '어른의 삶'입니다. 결론은 같습니다. 예수님 사랑 받아서 그 사랑으로 사랑하지 않으면 일생 서로 사랑하고 존경하며 사는 어른 부부는 불가능하다는 것입니다. 이 메시지 때문에 결혼식이 끝나고 따로 연락이 와서 예수님 얘기를 더 듣고 싶다는 사람이 적지 않습니다.

　그런데 이 메시지는 목사만 전할 수 있습니까? 고린도후서 13장 13절의 축도는 목사 안수 받은 사람들만 읽을 수 있습니까? 사실 좋은 크리스천이라면 누구나 주례해야 합니다. 예수님의 메시지를 전할 수 있는 얼마나 좋은 시간입니까? 목사보다 훨씬 부드럽게 종교적인 색채를 내지 않고 어른 되라고 말씀하실 수 있지 않습니까? 성도들끼리 서로 자녀들의 결혼 주례를 맡게 되기를 바랍니다. 아니면 부모가 직접 자녀들의 결혼 예배에서 주례 말씀을 전할 수 있기를 바랍니다. 예수님이 허락하신 일이고 원하시는 일입니다.

지금 예수님의 소금 이야기는 어른 되라는 것과 같은 맥락의 말씀입니다. 소금의 속성을 들어서 어른 되라는 얘기를 하십니다. 누가 스스로 녹아 없어지기를 원하겠습니까? 누구든지 끝까지 제 모습을 지켜 내는 요리 재료가 되고 싶지 흔적도 없이 사라지는 소금을 택하겠습니까? 사람들이 먹고 나서도 요리 재료를 기억하지 소금을 기억하겠습니까? 더구나 요즘 같은 저염식 시대에는 소금을 마치 건강을 해치는 주범처럼 얘기하지 않습니까? 전혀 소금을 쓸 필요가 없다는 극언을 서슴지 않는데 사실입니까? 요리가 있는 한, 세상이 있는 한, 소금은 반드시 필요합니다.

크리스천이 왜 빛인가?

예수님이 소금 이야기를 하신 뒤 제자들과 회중의 얼굴을 살피고는 한 걸음 더 나가십니다. 팔복을 받은 사람들은 또한 빛이다, 이는 소금보다 더 강한 말씀입니다. 빛은 소리가 없습니다. 빛이 임하는 순간 어둠은 사라집니다. 빛은 어둠과 다투지 않고 어둠을 몰아내느라 투쟁하는 법이 없습니다. 빛이 존재하는 곳이 곧 어둠이 물러나는 곳입니다. 어둠과 사투를 벌여서 어둠을 내쫓는 것이 아니기 때문입니다.

예수님은 제자들더러 소금이라고 하시더니 이어서 빛이라고 하십니다. 제발 빛처럼 되어라, 빛이 되도록 애를 써라, 그렇게 말씀하시지 않습니다. 빛은 사람들이 숨기지 못한다, 또한 빛을 바구니로 덮어씌우는 법이 없다, 등불을 켜서 스탠드 위에 두듯이 모든 사람에게 비치게 하는 것이 목적이다, 이렇게 알려 주십니다.

> 14 너희는 세상의 빛이라 산 위에 있는 동네가 숨겨지지 못할 것이요 15 사람이 등불을 켜서 말 아래에 두지 아니하고 등경 위에 두나니 이러므로 집 안 모든 사람에게 비치느니라 _____ 마 5:14-15

예루살렘은 산 위에 있는 동네입니다. 산동네는 원래 사람들 눈에 잘 띕니다. 고지의 도시는 감출 수 없듯이 또 높은 곳의 빛이 반드시 아래를 비추듯이 너희 빛도 사람 앞에 비치게 하라고 말씀하십니다. 빛을 자랑하라는 말씀입니까? 어둠을 경멸하라는 말씀입니까? 무엇 때문에 존재를 드러내라고 말씀하십니까?

이같이 너희 빛이 사람 앞에 비치게 하여 그들로 너희 착한 행실을

보고 하늘에 계신 너희 아버지께 영광을 돌리게 하라 ____마 5:16

우리는 밤낮의 구분이 없는 시대를 살고 있습니다. 불과 1960년대까지만 해도 전기 사정이 좋지 않았습니다. 걸핏하면 불이 나갔습니다. 집 안에 불이 나가면 집 밖에 나가서 다른 집도 불이 나간 것을 확인했습니다. 동네 전체가 어둠 속에 잠깁니다. 그래서 집에 항상 촛불이 있었습니다. 요즘의 비상등 같은 것이지요. 그래서 전기가 어디서 오는지를 잘 알았습니다. 발전소, 변전소 그리고 집 대문 가까이에 있는 두꺼비집을 알았습니다. 그리고 무엇보다 밤과 낮의 차이를 분명하게 알았습니다. 아무리 밤에 불을 밝혀도 대낮같이 밝을 수는 없었습니다. 밤에 야구, 축구를 하고 골프를 할 수는 없었습니다. 그러나 지금은 사정이 달라졌습니다. 밤에 할 수 있는 일과 낮에 할 수 있는 일의 구분이 없어졌습니다.

전기를 마음껏 쓰고 살면서 생긴 가장 큰 변화는 태양에 대한 생각과 고마움이 사라진 것입니다. 해가 뜨는 새벽에 대한 기대가 사라졌습니다. 먼동이 터오는 새벽의 설렘을 지금 세대는 잘 모릅니다. 장엄한 낙조를 바라보며 감회에 젖는 일도 드물고 깊은 밤의 은은한 달빛과 별빛에 찬탄하는 것도 잘 모릅니다.

태양에 대한 고마움을 잃어버린 것과 빛에 대한 묵상을 놓친 것은 연관이 있습니다. 이 지구를 밝히는 빛은 오직 태양으로부터 온다는 것을 잊어버린 사실과 인생을 밝히는 빛은 오직 하나님으로부터 온다는 것을 잊어버리거나 부정하는 사실은 무관하지 않습니다. 24시간 인간이 불을 밝힐 수 있게 된 사실과 24시간 하나님이 없어도 내가 사는 데 지장이 없다고 생각하게 된 것은 무관하지 않습니다.

인간이 태양이 없어도 밝게 사는 데 지장이 없다고 생각하는 것이나 하나님 없이 사는 게 오히려 더 인간답게 사는 길이라고 생각하는 것이야말로 인간의 오만이고 편견이고 죄성입니다. 태양은 지구 존재의 근원입니다. 지구에 존재하는 모든 것들이 태양에 의존합니다. 빛은 다만 태양의 존재를 바라보게 할 뿐입니다. 중력은 우리가 제대로 인식하지도 못합니다. 이 지구의 시간과 공간 전체가 태양에 전적으로 의존하고 있다는 것, 그렇게 지구는 태양계에 속하기 때문에 지구라는 것, 그 사실을 인간이 모른다고 해서 그 사실이 변하거나 달라지지 않습니다. 인간이 하나님을 모른다고 해서 또 거부한다고 해서 하나님이 창조주라는 사실이 변하거나 달라지지 않습니다. 그래서 하나님은 하나님을 바라볼 수 있도록 때가 차매 직접 인간이 되셨고 인간 예수님을 통해, 하나님을 만난 사람들을 통해 하나님을 모르는 사람들이 하나님을 알도록 하신 것입니다. 하나님을 알게 되는 것이 바로 하나님의 영광을 인식하는 것입니다.

예수님은 지금 제자들을 왜 빛이라고 하십니까? 하나님

의 영광을 반사하고 있기 때문입니다. 달은 발광체가 아니지만 밤이 되면 태양의 빛을 전합니다. 왜 크리스천이 빛입니까? 예수님의 영광, 하나님의 영광을 드러내는 존재이기 때문입니다. 어떻게 드러납니까? 그 사람 안에 계신 예수님 때문에 드러나게 됩니다.

예수님 이야기를 하는 두 종류의 크리스천이 있습니다. 자기 안에 계신 예수님을 말하는 사람과 자기 밖에 계신 예수님을 얘기하는 사람입니다. 자기 안에 계신 예수님을 전하는 사람은 예수님이 드러나지만, 자기 밖에 있는 예수님을 말하는 사람은 자기 자신을 드러냅니다. 예수님은 지금 제자들에게 말씀하십니다. 네 모든 행실, 좋은 행동, 성숙한 삶을 통해 하나님을 드러내라고 말씀하십니다. 하나님의 영광을 드러낸다는 것은 빛을 통해 태양을 인식하게 되듯 하나님의 사람들의 착한 행동과 삶으로 인해서 세상이 하나님을 인식하게 되는 것입니다.

여기서 중요한 것은 행실입니다. 행동입니다. 우리의 삶입니다. 그 삶의 뿌리가 되는 성품입니다. 크리스천이 예수님의 사람이라는 사실이 어떻게 드러납니까? 교회 다닌다고 드러납니까? 교회 직분을 받는다고 드러납니까? 두꺼운 성경책 갖고 다닌다고 드러납니까? 좋은 설교자의 설교를 듣는다고 드러납니까? 그 모든 것이 내 성품과 상관없을 수 있습니다. 그 모든 것이 세상에서 하는 내 행동과 상관없을 수 있습니다. 심지어 전도 많이 하고 선교 열심히 하는 것과도 상관없을 수 있습니다. 그 모든 종교적 활동에도 불구하고 행실과 삶이 상관없을 수 있습니다. 그러면 그 모든 것을 하지 말라는 얘깁니까?

소금과 빛은 기꺼이 사라지는 것이다

17 내가 율법이나 선지자를 폐하러 온 줄로 생각하지 말라 폐하러 온 것이 아니요 완전하게 하려 함이라 18 진실로 너희에게 이르노니 천지가 없어지기 전에는 율법의 일점일획도 결코 없어지지 아니하고 다 이루리라 ____ 마 5:17-18

구약은 다 소용없다, 과거 선지자들은 다 필요 없다, 율법은 이제 폐기되어야 한다는 말이 아닙니다. 예수님은 그 모든 것을 완성하시겠다고 말씀하십니다. 예수님은 율법의 마침이 되신다고 말씀하십니다. 하나님의 말씀은 단 한 개의 점이나 획도 없어지지 않고 다 이뤄질 것이라고 분명하게 말씀하십니다.

이 말씀을 자세히 들으면 당시 제자들이나 사람들이 예수님은 율법과 선지자를 파괴하고 폐기한다고 오해했으리라는 것을 짐작할 수 있습니다. 예수님의 메시지와 삶은 정통과 전통을 고집하는 사람들과 부딪친다는 것을 알 수 있습니다.

그렇다면 어디서 부딪치는 것일까요? 정통과 전통이 완전하다고 생각하는 사람들의 생각과 삶이 하나님의 기준에 못미치는 데서 비롯됩니다. 예수님의 완전하게 하신다는 말의 뜻은 원래 부족한 것을 채운다는 뜻입니다. '플레로오'라는 헬라어 동사는 '가득하게 하다, 차고 넘치게 하다'에서 '충족시키다, 성취하다, 완성하다'는 뜻으로 발전한 것입니다. 당시 율법의 정통성을 주장하고 율법의 전통주의에 빠진 사람들의 삶에는 무엇인가 빠진 것이 드러났습니다. 율법의 형식과 외양에 치우친 나머지 본질이 빠져 버린 것입니다. 그 본질을 지금 소금과 빛으로 말씀하고 계신 것입니다.

교회 다니는 사람들의 겉모습, 그 형태는 크리스천의 모습을 다 갖추고 있을 수 있습니다. 그러나 중요한 것은 내가 살아가는 삶의 자리에서 내가 얼마나 녹았느냐는 것입니다. 내가 얼마나 소리 없이 내 생명을 드려 소진되고 있느냐는 것입니다. 소금은 날마다 하나씩 쌓아 가는 삶이 아니라 하나씩 잃어 가는 삶입니다. 소금은 날마다 내 주장이 하나씩 늘어 가는 삶이 아니라 하나씩 내 주장과 목소리가 사라져 가는 삶입니다. 이것이 지금 예수님이 말씀하시는 차고 넘치는 삶, 하나님 나라를 성취하는 삶, 완성된 삶, 그리고 앞서 말씀하신 복 있는 삶입니다.

빛도 소금과 같습니다. 초는 언젠가 소멸할 것입니다. 제몸을 태워서 빛을 내는 것들은 언젠가 다 타 버릴 것입니다. 초

소금과 빛 : 흔적 없이 사라지고 있는가?

는 오히려 타들어 가면서 제 몸이 흉물스러워집니다. 흘러내린 촛농은 덕지덕지 붙어서 마치 중년에 불어난 뱃살 같습니다. 그러나 어쩌겠습니까? 자녀들 양육과 가족들 생계를 위해 내가 소진되는 것이 가장의 소명 아닙니까?

예수님은 본질을 놓친 생각의 오류와 함정을 알려 주십니다. 어디서 빗나갔는지를 한마디로 정리해 주십니다.

> 그러므로 누구든지 이 계명 중의 지극히 작은 것 하나라도 버리고
> 또 그같이 사람을 가르치는 자는 천국에서 지극히 작다 일컬음을
> 받을 것이요 누구든지 이를 행하며 가르치는 자는 천국에서 크다
> 일컬음을 받으리라 ____**마 5:19**

십계명을 비롯한 하나님의 계명과 율법은 그 어떤 것이라도 버릴 것이 없다, 만약 버려야 한다고 가르친다면 가장 모자라는 선생이다, 라고 말씀하십니다. 버린다는 것은 폐기하는 것과 같습니다. 그런데 누가 버리는 사람입니까? 누가 율법을 폐기하는 사람입니까? 안 가르치는 사람입니까? 가르치는 것과 상관없이 사는 사람입니까? 말씀대로 살지 않는 것이 말씀을 버리는 것 아닙니까? 그러므로 자신은 행하지 않으면서 가르치는 것은 아무 의미가 없습니다. 말씀을 전한다고 하는 제게 너무나 부담스러운 말씀입니다. 예수님은 정말 우리의 마음과 생

각을 이처럼 충격적인 말씀으로 저미십니다.

> 내가 너희에게 이르노니 너희 의가 서기관과 바리새인보다 더 낫
> 지 못하면 결코 천국에 들어가지 못하리라 ＿＿＿**마 5:20**

요즘 표현으로 하면 무슨 말입니까? 너희 행실이 목사나 장로, 신학자나 교수보다 낫지 않으면 절대 천국에 못 들어간다는 얘기 아닙니까? 당시 서기관들과 바리새인들은 일반 유대인들보다 자신들의 의가, 자신들의 믿음과 율법을 지키는 태도가 비교할 수 없이 낫다고 여겼습니다. 그러나 예수님은 그들의 의로움, 그들의 행실에는 무언가 중요한 게 빠져 있다는 것을 알려 주십니다. 뭐가 부족한지를 모르고 사는 종교인들에게 무엇이 있어야 차고 넘치는 삶, 완성된 삶이 되는지를 알려 주십니다.

바로 소금의 삶, 빛의 삶입니다. 바리새인과 서기관들은 사실 일평생 율법의 완성을 향해 달려온 사람들입니다. 더 많은 하늘의 상급과 하나님 나라의 유산을 받기 위해 어떤 고통도 마다하지 않은 사람들입니다. 그러나 예수님은 그들이 첫 단추부터 잘못 꿰었다고 말씀하십니다.

노 미니스트리 처치

예수님은 산헤드린 공회원인 니고데모를 충격에 빠뜨렸습니다. 처음부터 다시 시작해야 한다고 말씀하십니다. 산상수훈은 어디서부터 다시 시작해야 하는지를 제자들에게 가르치시기 시작한 말씀입니다. 예수님이 나를 따르라고 부르신 사람, 또 스스로 예수님을 따라나선 사람은 복 있는 사람으로 시작해야 한다는 것입니다. 세상의 복에 여전히 목마르고 끊임없이 무엇인가 얻기를 원하는 길에서 벗어나야 한다는 것입니다.

마음이 가난할 대로 가난해야 하고, 내가 부족해서 슬픈 것이 아니라 다른 사람의 부족함이 슬퍼야 하고, 거친 세상, 화평이 없는 세상, 불의한 세상, 부패한 세상 속에서 내가 흔적도 없이 사라질 각오가 돼 있어야 하고, 내가 녹슬어 죽는 것이 아니라 나를 태워서 재가 되는 삶을 살아야 한다고 말씀하십니다. 그것이 율법의 완성이라고 말씀하십니다. 목사 안수 받고 장로 집사 권사 되고 신학박사 신학 교수 되는 것으로는 자칫 천국도 못 갈 수 있습니다. 그것만으로는 안 됩니다.

베이직교회는 '교회 다닌다'는 얘기 안 하고 '교회 되기'로 했습니다. 교회 다니는 것으론 부족하기 때문입니다. 훗날 예수님을 만났을 때 예수님이 어느 교회 다니다 왔느냐고 묻지 않으시기 때문입니다. 교회에서 무슨 직분을 받았고 무슨 사역하다 왔느냐고 묻지 않으실 것이기 때문입니다. 네가 정말 복 있는 사람으로 살았느냐, 네가 정말 소금으로 빛으로 살았느냐고 물으실 것이기 때문입니다.

베이직교회는 조직과 부서를 만들지 않기로 했습니다. 처음부터 노 미니스트리 처치(No Ministry Church)를 선포한 이유도 조직과 사역으로는 부족하기 때문입니다. 오히려 소금과 빛의 삶이면 충분하기 때문입니다. 소금으로 빛으로 사는 삶이면 흘러넘치기 때문입니다.

저는 예수님이 머리가 되시고 하나님이 주인이 되시며 성령님이 운행하시는 진정한 교회는 조직과 제도는 물론 세상적인 방법으로 교회의 질을 떨어뜨려선 안 된다고 믿습니다. 그것이 없어서 불편하기 그지없고 아무 양육도 되지 않는다고 생각할 수 있습니다. 아닙니다. 말씀대로 사는 것이 양육입니다. 말씀이면 충분합니다. 말씀만으로 무언가 부족하다는 것은 하나님만으로 무언가 부족하다는 의미입니다. 예수님이 다 이루시지 못했다는 생각과 같습니다. 이단 이단 하지만 사실 깊이 들여다보면 이게 이단입니다. 처음에 예수님만으로 가슴이 벅차고 눈물이 마르지 않았는데 점점 예수님만으로는 부족해지는 것이 이단입니다.

어느 분이 예쁜 선물을 가져왔습니다. 그동안 저희 교회에 말없이 커피 원두를 주신 분이 있는데 누군지 모르지만 바로

소금과 빛 : 흔적 없이 사라지고 있는가?

그분에게 이 선물을 전해 달라는 것입니다. 제가 참 기뻤습니다. 제게 주셨다면 제가 더 기뻤을 것 같습니까? 아마 그 선물을 값으로 따지면 그분이 섬긴 것의 100분의 일, 1000분의 일도 안 될 것입니다. 저는 그 포장된 선물이 무엇인지 모릅니다. 그러나 커피나 이 선물이나 둘 다 값을 매길 수 없는 것들입니다. 이게 제도와 조직을 넘어선 삶입니다. 제가 부탁해서 한 것이 아닙니다.

교회 형제 중 하나가 주님의 부르심을 받았을 때 이름도 얼굴도 잘 모르면서 장례 예배에 참석하는 분들이 많습니다. 한 번도 교제의 자리를 가진 적이 없지만 유족을 위로하시는 분들이 있습니다. 찾아가서 그냥 같이 아파해 주시는 분들입니다. 심방 사역팀이나 조직에 속해 있어서 가는 것이 아닙니다. 형제이고 자매이기 때문에 찾아갑니다.

예수님이 조직을 만들지 않고 사역본부를 가버나움에서 크게 키우지 않고 열두 제자와 다니신 이유가 무엇입니까? 왜 그 열두 명을 교회라고 부르셨습니까? 소금과 빛으로 사는 삶이면 충분하기 때문입니다. 조직과 제도가 있어야 될 것 같은데 오히려 조직과 제도로 부족하기 때문입니다. 서로 녹아 버리고 서로 자신을 태워 버리는 삶이면 충분하기 때문입니다. 종교로는 오히려 부족하기 때문입니다.

예수님은 종교를 완성하러 오셨습니다. 도덕이나 윤리

로도 부족한 현실, 종교나 정치로도 부족한 현실, 경제나 법제로도 부족한 현실, 그 현실 속에 하나님 나라를 이끌고 들어오셨습니다. 소금과 빛으로 오셨습니다. 어떻게 해야 말씀이 이뤄집니까? 무엇이 율법의 완성입니까? 예수님이 알려 주십니다. 빛으로 소금으로 사는 것이다, 네가 흔적 없이 사라지는 것이다, 알려 주십니다. 세상의 본질이 어둠이다, 세상의 속성이 부패다, 그러니 네가 빛으로 소금으로 살지 않으면 또한 너희들이 뭇별로 흩어지지 않으면 그래서 네 행실로 나의 영광을 드러내지 않으면 이 세상에 소망이 없다고 탄식하십니다.

열왕기하 11장에 보면 제사장 여호야다가 요아스를 6년 간 숨겨 놓았다가 여왕이 된 이세벨의 딸 아달랴를 제거한 뒤 다윗 왕가를 회복시킵니다. 그러자 예루살렘에 드디어 기쁨과 평안이 회복되었습니다. 하나님의 사람 없이 기쁨과 평안이 회복되는 일은 없습니다. 예수님을 아는 사람들이 빛으로 소금으로 살아 내지 않는데 기쁨과 평안이 회복되는 일은 없습니다. 예수님을 따르는 사람들이 소리 소문 없이 빛으로 소금으로 사는 곳이 있다면 바로 그곳이 천국일 것입니다. 복 있는 삶이란 소금으로 녹아 버리고 빛으로 태워 버리는 삶이라는 것을 기억하시기 바랍니다.

소금과 빛 : 흔적 없이 사라지고 있는가?

3

살인

살인의 본질은 무엇인가?   마 5:21-26

하나님 나라의 백성들은 부패한 세상의 소금이고 어둠에 잠긴 세상의 빛입니다. 그렇다면 이런 정체성을 가진 사람들의 삶은 어떤 모습일까요? 3-5장은 그들의 실생활에 대한 새로운 기준을 제시합니다. 이 기준은 조금 더 높은 도덕적 기준이 아니라 전혀 새로운 신앙적 규범입니다.

예수님은 우리가 살면서 보편적으로 맞닥뜨리는 생활 영역에서 지켜야 할 신앙인의 새로운 규범 여섯 가지를 차례로 일러주십니다. 살인, 간음, 결혼, 맹세, 보복과 원수에 관한 것입니다. 그런데 이 여섯 가지에 대해서는 바리새인과 율법사들이 이미 너무나 자세히 가르쳤습니다. 누구나 들어서 아는 얘기이고 충분히 알고 있는 결론입니다. 십계명에 다 있는 얘기이고 토라, 율법서에도 다 들어가 있는 얘기입니다. 그런데 예수님은 지금 이 계명들을 지킨다고 스스로 믿고 있는 사람들의 삶이 율법의 본질에서 얼마나 멀어졌는지를 알려 주십니다. '너희가 이

제까지 그렇게 들었지만 나는 지금 너희에게 이렇게 말한다'는 예수님의 어조는 매우 강하고 단호합니다.

내가 알고 있는 그것을 의심하라

> 옛사람에게 말한 바 살인하지 말라 누구든지 살인하면 심판을 받게 되리라 하였다는 것을 너희가 들었으나 ____ 마 5:21

빛으로 소금으로라는 정체성을 가지고 살려면 대체 어떻게 살아야 합니까? 예수님이 제일 먼저 제기한 문제는 살인입니다. 십계명 중 여섯 번째 계명입니다. 여섯 번째부터 마지막 열 번째 계명까지는 나와 타자의 관계, 나와 이웃의 관계, 공동체적 삶에 대한 것으로, 이웃 계명이라고 할 수 있습니다. 하나님과 인간의 관계(1-4계명), 부모와 자녀의 관계(5계명)에 이어서 나와 이웃의 관계 다섯 가지(6-10계명)를 규정하는 첫 번째 계명이 '살인하지 말라'입니다.

출애굽기(20:13)와 신명기(5:17)에 기록된 계명은 단지 '살인하지 말라'입니다. 살인하면 누구든지 심판을 받게 된다는 것은 율법이 가르쳐 온 내용이고 그동안 듣고 지내면서 심판의 내용에 대해서 점점 더 알게 된 것들입니다. 예수님은 이 '살인하지 말라'는 계명이 '누구든지 살인하면 심판을 받게 되는' 법 집행과 맞물리면서 계명의 본질이 변질되었다는 것을 알려 주십니다. 본질이 변질되는 것이야말로 언제나 가장 중요한 문제입니다.

'살인자에 대한 심판' 즉 살인죄의 처벌과 그 형량의 규정도 물론 율법을 통해서 언급되고 있습니다.

> **12** 사람을 쳐죽인 자는 반드시 죽일 것이나 **13** 만일 사람이 고의적으로 한 것이 아니라 나 하나님이 사람을 그의 손에 넘긴 것이면 내가 그를 위하여 한 곳을 정하리니 그 사람이 그리로 도망할 것이며 **14** 사람이 그의 이웃을 고의로 죽였으면 너는 그를 내 제단에서라도 잡아내려 죽일지니라 ____ **출 21:12-14**

출애굽기는 살인에 고의성이 있느냐, 없느냐에 초점을 두고 있습니다. 고의적으로 사람을 죽이려 한 것인가, 아니면 우발적으로 살인을 한 것인가를 따져 처벌의 수위를 결정하라는 것입니다. 반면 민수기는 살해 도구를 문제 삼아서 쇠든지 돌이든지 나무든지 사람을 죽일 만한 흉기를 가지고 있었다면 반드시 죽이라고 합니다.

> **16** 만일 철 연장으로 사람을 쳐죽이면 그는 살인자니 그 살인자

를 반드시 죽일 것이요 17 만일 사람을 죽일 만한 돌을 손에 들고 사람을 쳐죽이면 이는 살인한 자니 그 살인자는 반드시 죽일 것이요 18 만일 사람을 죽일 만한 나무 연장을 손에 들고 사람을 쳐죽이면 그는 살인한 자니 그 살인자는 반드시 죽일 것이니라

_____ 민 35:16-18

문제는 살인에 관한 수많은 동기와 도구를 일일이 다 기록할 수도 없고 또 실제 기록하고 있지도 않다는 것입니다. 예를 들면 처음에 죽이려고 하다가 그 마음을 잠시 접었는데 잠시 후에 우발적으로 죽이게 되면 고의성이 있는 것입니까, 없는 것입니까? 고의성이 없으면 도피성을 지정해서 그곳으로 도피하면 살 수 있습니다. 그러면 도피성에 이르기 전에 죽이는 것은 괜찮습니까? 또 고의성이 있다는 확신이 들면 아무리 도피성에 몸을 숨겼다 해도 그를 제단에서 끌어낼 수 있을 터인데 과연 고의성 여부는 어떻게 판단해야 합니까? 고의성이 없다고 주장하지만 어떤 증인도 없을 때는 어떻게 합니까? 뿐만 아니라 민수기에 나열된 연장, 쇠나 돌이나 나무가 사람을 죽일 만한 크기란 과연 어느 정도를 말하며 그 외 것들은 괜찮은 것입니까? 이처럼 살인을 인간이 처벌해야 할 죄로 규정했을 때 법으로 다 규정할 수 없는 숱한 문제가 발생하게 됩니다.

살인까지 이르지는 않았지만 상해를 가하는 숱한 죄들은

어떻게 처벌해야 합니까? 인간의 형법은 어디까지 규정할 수 있을까요? 오늘날 새롭게 증가하는 이 정보화 시대에 디지털 사회의 범죄 양상들을 보면 과연 법체계가 이를 따라갈 수 있을지 의구심이 듭니다.

　　예수님이 살인의 본질을 어떻게 해석해 주십니까? 지금까지 너희들이 '살인하지 말라 누구든지 살인하면 심판을 받게 되리라'고 들었지만 그 계명은 살인에서 출발한 것이 아니라 실은 분노에서 출발한 것이라고 알려 주십니다. 살인이란 결국 분노의 가장 극적인 표현인 만큼 살인죄 또한 이렇게 해석되어야 한다고 말씀하십니다. 예수님은 앞으로 계속해서 "너희들이 지금까지 이렇게 들었으나 나는 이렇게 말한 것이다"라고 말씀하실 것입니다. 요즘 표현을 빌리면 계명에 대한 '저자 직강'입니다.

　　요한복음에서 예수님은 스스로 자신이 누구인지를 선언하셨습니다. 나는 생명의 떡이다, 세상의 빛이다, 양의 문이다, 선한 목자다, 나는 부활이요 생명이다, 나는 길이요 진리다, 나는 포도나무요 너희는 가지다, 이 선언이 하나님의 자기 선언이었듯이 이 산상수훈, 천국대헌장도 실은 하나님의 계명에 대한 하나님의 직강이며 특강입니다.

　　이 특강에서 우리가 계속해서 듣는 말씀은 '내 의도는 너희가 알고 있는 것과 다르다'는 것입니다. 우리 귀에 들리는 것과 진실은 전혀 다를 때가 얼마나 많은지 모릅니다. 제가 비타민 C가 좋다는 말을 듣고 6년간 매 식사 후에 두 알씩 하루 여섯 알을 보약으로 알고 먹었습니다. 그 결과 온몸에 가려움증이 생겨 큰 고생을 했습니다. 병원에 가도 이유를 몰랐습니다. 우연히 제 체질에 맞지 않다는 것을 알고 끊자 석 달 만에 가려움증이 사라졌습니다. 이처럼 듣는 게 다 맞는 것도 아니고 잘못되면 누가 책임져 주는 것도 아닙니다.

또 무슨 말이건 전후좌우를 다 쳐 내고 한 가지 사실만 얘기하면 전혀 다른 내용이 되는 일이 얼마나 많습니까? "너 계속 그렇게 하면 내가 가만 보고 있지 않을 거야." 흥분해서 이렇게 말해 보십시오. 이 말은 바로 이렇게 전해집니다. '그 사람이 나를 가만두지 않겠다'고 협박했다는 것입니다. 조금 더 격하게 표현하는 사람은 '그가 나를 죽이겠다'고 위협했다고 주장할 것입니다. 그러나 실제 이 말을 한 사람의 의도는 무엇입니까? 듣는 사람에게 앞으로 그렇게 행동하지 말라고 말한 것이지요. 한 사람만 건너가도 말은 불어나거나 뒤틀려서 원래의 의도가 사라지고 맙니다. 그런 줄 알고 들어도 그 말은 사람을 흥분하게 만듭니다. 들은 것과 사실은 달라도 한참 다릅니다.

하나님의 말씀도 그렇습니다. 하나님의 말씀도 사람을 거쳐 가면 달라집니다. 말씀을 읽지 않고 말씀의 해석을 먼저 들어서는 안 되는 이유입니다. 교과서가 어렵다고 교과서는 안 보고 참고서부터 보는 것은 순서가 맞지 않습니다. 성경 안 읽고 설교부터 듣는 것도 사실 순서가 맞지 않습니다. 특히 이단들은 성경 한 번도 제대로 읽어 본 적 없는 사람들에게 성경 공부를 제안해서 잘못된 길로 인도합니다. 그래서 예배 드리기 전에 조금 일찍 도착해서 그날 말씀을 읽고 묵상하는 것이 필요합니다. 하나님 말씀을 직접 먼저 듣고 설교자가 전하는 말씀은 참고하는 것입니다. 하지만 많은 사람들이 성경 말씀을 직접 듣는 것을 힘들어하고 기피하면서 설교자들이 쉽게 풀어서 떠먹여 주기를 바랍니다. 그러나 신앙생활의 기준이 설교가 되면 안 됩니다. 우리의 기준은 오직 성경이고 예수님입니다.

저는 학교 시스템이 가져온 폐해가 바로 말씀을 직접 듣지 않고 남한테 들으려 하는 경향을 강화시킨 것이라고 봅니다. 학교 시스템에 익숙해지면 학교가 알아서 해주겠거니 생각하게 됩니다. 착각입니다. 더구나 교육이란 한 사회가 계획하는 사회화 과정입니다. 한 사회가 체제 유지를 위해 필요한 것을 가르치는 것입니다. 개인에게 필요한 것이 아니라 시스템을 위해 필요한 것입니다. 그래서 우리의 사고와 습관은 그 시스템을 이해하기 전에, 먼저 그 시스템의 목적과 존재 이유를 명확히 알기 전에 교육으로 포맷되어 버립니다. 쉽게 말하면 세상은 세상이 필요한 대로 우리를 먼저 만들어 놓습니다.

한번 따져 봅시다. 올림픽 왜 합니까? 월드컵 왜 합니까?

살인 : 살인의 본질은 무엇인가?

이제 여자 축구 월드컵도 생겼는데, 누가 어떤 의도를 갖고 이것들을 시작했는지 따져 본 적 있습니까? 학교는 왜 갑니까? 교회는 왜 다닙니까? 이 질문을 할 수 없을 만큼 가르치는 것을 세뇌라고 합니다. 이념과 종교도 세뇌 차원에서 이뤄지면 돌이키는 것이 사실상 불가능합니다.

끝없이 왜라고 묻지 않으면 우리는 한순간에 급류에 휩쓸리고 맙니다. "피곤하게 뭘 따집니까? 그냥 살면 되지요." 그냥 살아집니까? 그냥 사는 것이 정말 사는 것입니까? 그러면 현실과 어느 정도 타협해야 하고 어느 정도 거슬러야 합니까? 그 답을 누구도 갖고 있지 않기 때문에 그래서 하나님께로 돌아가는 것입니다. 처음으로 돌아가는 것입니다. 출발로 되돌아가는 것입니다. 예수님이 그 때문에 오셨습니다. 인간이 하나님이 지으신 원래 목적에서 너무나 벗어났기 때문에 오신 것입니다. 돌이킬 수 없을 만큼 벗어났을 때 하나님이 취하는 응급조치를 심판이라고 합니다. 홍수 심판, 바벨탑 심판, 소돔과 고모라 심판은 하나님의 플랜 B입니다. 플랜 A는 항상 회개와 용서입니다. 말씀으로 돌이키는 것이고 돌이키면 용서하는 것이고 그 용서하시는 것이 구원입니다.

살인에 관한 충격적인 선언

예수님이 지금 너무나 중요한 것을 바로잡으십니다. "너희가 하나님의 말씀이라고 들었으나 나는 지금 이렇게 말한다." 예수님의 단호함은 이런 것입니다. 너희가 들은 것과 내 의도가 다를 수 있다는 것을 염두에 두지 않으면, 내 이름을 들먹이는 자들에게 유린당하고 또 유린당할 것이라고 알려 주십니다. 너희가 너보다 먼저 온 자들, 도적과 강도들에게 당한 것처럼 당하게 될 것이다라고 경고하십니다. 그래서 지금 인간과 인간 사이에 가장 기본적인 관계 유지를 위한 첫 단추부터 말씀하십니다.

나는 너희에게 이르노니 형제에게 노하는 자마다 심판을 받게 되고… ____ 마 5:22

예수님은 지금 '살인하지 말라 누구든지 살인하면 심판을 받게 되리라'(21절)는 말의 원래 뜻은 '화내지 말라 형제에게 노하는 자마다 심판을 받게 된다'는 더 깊은 뜻을 지닌 말이라고 알려 주십니다. 살인은 어디서 시작됩니까? 분노에서 시작됩니다. 분노가 밖으로 분출하면 살인이고 밖으로 나갈 출구가 없으면 자살입니다. 인류 최초의 살인은 가인이 아벨을 죽인 사건입니다. 왜 죽였습니까? 하나님께서 가인과 그 제물을 받지 않으셨기 때문에 가인이 분노하고 그의 안색이 변했습니다. 아벨과 그의 제물은 받고 왜 내 것은 받지 않으시나? 그 분노가 동생을 죽이는 살인의 출발점입니다. 왜 아벨이 잘못한 것도 없는데 죽입니까? 분노 때문입니다. 누구한테 분노해야 합니까? 하나님께 해야 합니다. 그런데 왜 아벨한테 합니까? 하나님은 내 힘으로 안 되고 동생은 내 힘으로 해볼 만하기 때문입니다. 분노는 반드시 출구를 찾습니다. 약자를 찾습니다. 희생양을 찾습니다. 희생양을 찾지 못하면 마지막엔 자신을 죽이게 됩니다. 분노는 이렇듯 누군가를 희생양으로 삼아야 직성이 풀립니다.

> 네가 선을 행하면 어찌 낯을 들지 못하겠느냐 선을 행하지 아니하면 죄가 문에 엎드려 있느니라 죄가 너를 원하나 너는 죄를 다스릴지니라 ____ **창 4:7**

하나님은 여기서 분노의 형성 과정을 알려 주십니다. 가인이 선을 행하지 않았습니다. 선을 행하지 않는다는 것은 나밖에 모른다는 것입니다. 나밖에 모르는 사람 집 대문에는 죄가 엎드리고 있습니다. 그 죄의 다른 이름이 분노입니다. 들어가고 나갈 때마다 그 분노가 나를 원합니다. 그 분노라는 죄가 나를 화나게 만듭니다. 그 분노라는 죄를 다스리지 않으면, 즉 선을 행하지 않으면 분노를 이기지 못합니다.

분노를 다스리는 법에 관한 처방이 많습니다. 세상에서 화를 다스리는 지혜로는 명상, 운동, 산책, 상담, 글쓰기 등 숱한 처방이 있습니다. 책도 많고 조언도 많습니다. 다 도움이 됩니다. 실질적인 조언도 있습니다. 화가 나면 수를 세는 것입니다. 하나에서 열까지, 그래도 가라앉지 않으면 백까지, 그도 안 되면 천까지 세라는 것입니다. 칭기즈칸의 일화도 있습니다. 매사냥을 하다가 목이 말라 바위틈에서 물을 마시려고 컵을 꺼내 물을 받았는데 그가 사랑하는 매가 날개를 쳐서 컵의 물을 쏟았습니다. 두 번, 세 번 매가 날갯짓으로 물을 쏟고 컵을 떨어뜨리자 화가 나서 칼로 매를 죽였습니다. 그러고 나서 물의 근원을 살피다가 칭기즈칸이 놀랍니다. 독뱀이 죽어 있었던 겁니다. 이 일 이후 그가 평생의 좌우명으로 삼은 것이 있습니다. '화가 났을 때는 아무것도 결정하지 말라.'

하나님은 화가 났을 때 아무것도 하지 않는 소극적 처방을 주시지 않습니다. 화가 나는 이유는 우리가 선한 삶을 살지 않기 때문임을 알려 주시고 사전 예방 조치를 하라고 적극적인 처방을 주십니다. 병 나서 병 고치지 말고 병을 불러들이지 말라는 것입니다. 우리는 그 사람 때문에 화가 났다고 생각합니다. 그래서 세상의 또 한 가지 지혜는 역지사지입니다. 그 사람 입장에서 생각해 보는 것입니다. 그것도 큰 깨달음입니다. 그 사람 입장이 돼 보면 내가 그 사람에게 화가 나기 전에 그 사람이 나한테 먼저 화를 내게 돼 있다는 것을 알게 됩니다. 또 그 사람이 그렇게 행동할 수밖에 없는 사정도 이해가 됩니다.

그러나 하나님의 말씀은 그 이상입니다. 적극 선을 행하라는 것입니다. 선을 행한다는 것은 내 입장에서 벗어나야 가능합니다. 선을 행한다는 것은 단순히 남을 돕는 차원 이상입니다. 내 입장에서 내가 가진 것으로 남을 도와도 소용이 없고 내 몸을 내주어도 소용이 없습니다. 선을 행하려면 선을 생각해야 합니다. 선을 행하려면 선하신 분을 알아야 합니다. 선을 행하려면 진정한 선의 기준을 보아야 합니다. 하나님이 가인에게 선을 행하라고 하셨을 때 이 말씀은 너 자신을 바라보는 눈을 들어 하나님을 바라보라는 것이었고 하나님의 선하심을 알라는 것이었습니다. 하나님을 바라보고 그분을 닮아 가려는 것, 이것이 선을 행하는 일입니다.

하나님의 말씀을 흘려 들은 가인은 결국 들에 나가 동생을 살해합니다. 물론 가인은 지금 하나님이 보고 계시고 알고 계신다는 것을 잊었습니다. 하나님을 바라보지 않고 나만 보고 살기 때문입니다.

예수님은 이제 살인을 그 동기에서부터 다시 점검해 주십니다.

…형제를 대하여 라가라 하는 자는 공회에 잡혀가게 되고 미련한

놈이라 하는 자는 지옥 불에 들어가게 되리라 _____ 마 5:22

좀 심한 표현이지요? 예수님이 강하게 말씀하실 때는 깜짝 놀랄 만큼 단호합니다. 그만큼 주의해서 들으라는 얘기입니다. 살인이란 분노에서 시작되는 것인데, 화가 나서 남을 경멸하고 욕하는 것은 살인과 다를 바 없다는 것입니다. 우리는 누구도 남을 경멸하는 것을 살인이라고 생각하지 않습니다. 우리가운데 어느 누구도 욕 한마디 하는 것을 살인이라고 생각하지 않습니다. 예수님 때는 어땠겠습니까? 마찬가지입니다. 예수님 발아래 앉아 있는 어느 제자도, 어느 누구도 욕하는 것, 비웃는 것을 살인이라고 생각하지 않았습니다.

그래서 충격입니다. 예수님의 말씀은 지금도 충격입니다. 우리 중에 남을 경멸해 본 적이 없다, 남을 욕해 본 적 없다는 사람이 있을까요? 만약 그렇다면 그는 이미 성숙한 자입니다. 미숙한 자의 설교를 들을 필요가 없습니다. 하지만 우리는 모두 남을 경멸하고 비웃고 욕해 본 경험도 있고 지금도 그러고 삽니다. 하지만 그것이 살인이라고 생각해 본 적은 없을 것입니다. 그래서 예수님의 이 말씀을 진지하게 들어야 합니다. 그리고 지금 이 사회가 얼마나 살인적인 사회인지를 꿰뚫어 보아야 합니다. 이 사회가 이토록 분노에 차 있는 것이 얼마나 위험한지 분별해야 합니다.

살인 : 살인의 본질은 무엇인가?

지금 예수님은 살인해 본 적이 없는 사람들에게 우리가 날마다 살인하고 있다고 충격적인 선언을 하십니다. 우리가 누군가를 인격적으로 대하지 않고 그를 내심 경멸하고 돌아서서 뒷말하고 험담하는 것이 살인이라고 말씀하십니다. 그리고 실제 사회가 살인이라고 말하는 살인죄는 빙산의 일각 정도가 아니라 방 안에 떠도는 먼지 정도라는 것을 알려 주십니다. 사도 요한이 그걸 다시 우리에게 일러줍니다.

> 그 형제를 미워하는 자마다 살인하는 자니 살인하는 자마다 영생
> 이 그 속에 거하지 아니하는 것을 너희가 아는 바라 ____ 요일 3:15

여기서 형제란 이웃이라는 뜻이지요. 내 가까이에 있는 사람을 말합니다. 가까이에 있는 누군가를 미워합니까? 그러면 살인하는 것입니다. 그렇게 미워하는 마음에 영생이 있을 것 같습니까? 잘 알지 않습니까? 미워하는 마음에 어떻게 하나님 나라가 임할 수 있습니까? 내 마음에 사람에 대한 미움을 갖고 있다면 날마다 살인하고 있는 것인데 어떻게 영생을 얻습니까? 이 미움이 살인이기 때문에 미움으로 가득한 마음은 누군가를 살인하고 있거나 아니면 날마다 나를 죽이고 있는 것과 같습니다. 화병이란 무엇입니까? 미움을 삭이지 못하는 병입니다. 화병이란 미움의 대상이 되는 사람을 죽이지 못해서 생기는 것이

고, 그 사람을 죽이는 대신 거꾸로 나 자신을 죽이는 병입니다. 의학적으로는 자가면역을 무너뜨리는 병이라고 합니다.

살인에 관한 예수님의 처방

그렇다면 예수님의 처방은 무엇입니까?

23 그러므로 예물을 제단에 드리려다가 거기서 네 형제에게 원망 들을 만한 일이 있는 것이 생각나거든 **24** 예물을 제단 앞에 두고 먼저 가서 형제와 화목하고 그 후에 와서 예물을 드리라 _____ **마 5:23-24**

이 말씀도 매우 강한 표현입니다. 당시 예물을 드리는 제단은 예루살렘에 있었습니다. 그런데 지금 말씀하시는 곳은 갈릴리입니다. 갈릴리에서 예루살렘까지 서둘러 가도 사흘 길입니다. 너무 멀어서 사람들은 절기 때 한두 번 올라가는 것이 고작이었습니다. 예루살렘 성전까지 가려면 큰마음 먹어야 했습니다. 예물도 이만저만한 정성이 아닙니다. 짐승은 흠이 있어서도 안 되고 상처가 나도 안 됩니다. 그렇게 모든 정성을 다해서 제단 앞에 나갔는데 갑자기 머릿속에 한 가지 생각이 납니다. 엊그제 친구의 마음을 상하게 하는 말을 한 것입니다. 그러면

살인 : 살인의 본질은 무엇인가?

이 순간 어떻게 하라는 것입니까? 그 제물과 예물 다 그 자리에 두고 갈릴리로 돌아가서 그 친구에게 사과하고 오해를 풀고 관계를 회복한 다음 다시 예루살렘에 올라가서 예배를 드리라는 것입니다.

이 말씀을 당장 실천한다면 교회에서 예배 드리는 사람이 얼마나 될까요? 많지 않을 것입니다. 어쩌면 없을지도 모릅니다. 예수님이 지금 무슨 말씀 끝에 이 말씀을 하신 것입니까? '살인하지 말라 살인하면 심판 받는다'는 말을 들었겠지만 그 말의 진정한 뜻은 이렇다 하면서 '화내지 말라, 사람에게 화내고 욕하고 무시했다면 먼저 그 사람에게 사과하고 그 사람과 관계를 다 풀고 나서 예배를 드려라' 하신 것입니다. 참으로 기가 막힌 말씀 아닙니까?

이 말씀을 그대로 실천한다면, 사탄이 예배 못 드리게 하는 것, 간단합니다. 집에서 출발 준비할 때 부부간에 사소한 말로 언쟁하게 만들면 됩니다. 교회에 도착했으나 주차할 곳이 없어서 화나게 하면 됩니다. 예배당에 들어올 때 낯익은 얼굴이 오늘따라 눈인사조차 나누려고 하지 않아서 속을 뒤집어 놓으면 됩니다. 설교 시작할 때 기침 몇 번 해서 옆에 앉은 사람이 속으로 뭐 이렇게 교양 없는 사람이 있나 언짢게 만들면 그만입니다. 설교자가 무슨 저런 넥타이를 매고 나왔나 또는 어떻게 교회에 피아노 한 대도 없이 예배 드린다고 할 수 있나, 이런 생각 하나 들게 하면 그날 예배는 그것으로 끝입니다.

그런데 사실 하나님도 까다롭기는 마찬가집니다. 세상이 이 지경인데 무슨 예배를 드린다고 이렇게 모여 있나 힐문하십니다.

> 11 여호와께서 말씀하시되 너희의 무수한 제물이 내게 무엇이 유익하뇨 나는 숫양의 번제와 살진 짐승의 기름에 배불렀고 나는 수송아지나 어린 양이나 숫염소의 피를 기뻐하지 아니하노라 12 너희가 내 앞에 보이러 오니 이것을 누가 너희에게 요구하였느냐 내 마당만 밟을 뿐이니라 13 헛된 제물을 다시 가져오지 말라 분향은 내가 가증히 여기는 바요 월삭과 안식일과 대회로 모이는 것도 그러하니 성회와 아울러 악을 행하는 것을 내가 견디지 못하겠노라 14 내 마음이 너희의 월삭과 정한 절기를 싫어하나니 그것이 내게 무거운 짐이라 내가 지기에 곤비하였느니라 15 너희가 손을 펼 때에 내가 내 눈을 너희에게서 가리고 너희가 많이 기도할지라도 내가 듣지 아니하리니 이는 너희의 손에 피가 가득함이라 16 너희는 스스로 씻으며 스스로 깨끗하게 하여 내 목전에서 너희 악한 행실을 버리며 행악을 그치고 17 선행을 배우며 정의를 구하며 학대받는 자를 도와주며 고아를 위하여 신원하며 과부를 위하여 변호하라 하셨느니라 _____ 사 1:11-17

살인 : 살인의 본질은 무엇인가?

제발 좀 6일간 제대로 살다가 주일에 오라고 하시는 말씀 아닙니까? 이 악한 세상에서 너만은 선을 베풀다가 오라는 말씀 아닙니까? 우리는 흔히 예배에 목숨을 건다고 말합니다. 그건 예배 시간을 목숨 걸고 지키는 것 이상입니다. 그건 예배 형식을 철저히 지키는 것 이상입니다. 그건 평생 주일예배의 자리를 지키는 것 이상입니다.

구약의 하나님이 하신 말씀과 예수님이 하신 말씀이 뭐가 다릅니까? 본질에 무슨 차이가 있습니까? 살인죄로부터 시작하는 하나님 나라 백성의 삶의 가치와 기준이 구약의 말씀과 조금도 다를 바 없습니다.

> 25 너를 고발하는 자와 함께 길에 있을 때에 급히 사화하라 그 고발하는 자가 너를 재판관에게 내어 주고 재판관이 옥리에게 내어 주어 옥에 가둘까 염려하라 26 진실로 네게 이르노니 네가 한 푼이라도 남김이 없이 다 갚기 전에는 결코 거기서 나오지 못하리라
>
> _____ 마 5:25-26

형제들과의 일만 해결해선 안 됩니다. 나를 고발하는 자가 있다면 급히 이해관계를 정리하라고 명하십니다. 여기서 고발자란 문자 그대로 나를 고발한 사람이기도 하고 또 나를 적대하는 사람들, 내가 원수처럼 여기는 사람들이고 넓게 보면 나에

게 피해를 준 사람들입니다. 다 내 마음에 들지 않을 뿐 아니라 괘씸한 사람들입니다. 이 사람들과 '사화하라'는 말은 관계를 풀라는 것이고, 그 말 뜻 안에는 더 나아가 친구 삼으라는 의미가 담겨 있습니다. 정말 지나쳐도 한참 지나친 말씀 아닙니까? 내가 풀고 싶다고 풀어집니까? 내가 조금만 약한 기색을 보이면 물어뜯을 듯이 달려드는데 그런 사람을 어떻게 대하라는 것입니까?

예수님은 정확히 앞일을 일러주십니다. 끝까지 관계를 풀지 못하면 끝내 법정에 서야 할 것이고 판결에 따라 옥에 갇히게 되며 옥살이가 끝날 때까지 묶인 채 살게 된다는 것입니다. 그러니 그래서는 무슨 예배를 드리겠느냐고 다시 물으십니다. 빨리 해결해라. 이 고소 고발도 다 화를 내다가 생긴 일이니 처음부터 이 화를 다스려야 한다는 것입니다. 빨리 관계를 회복해야 한다면 대체 그 시간을 얼마나 잡아야 합니까?

26 분을 내어도 죄를 짓지 말며 해가 지도록 분을 품지 말고 27 마귀에게 틈을 주지 말라 _____ 엡 4:26-27

화가 날 수 있습니다. 사실 화가 나야 정상일 때도 있습니다. 그러나 화내는 것과 죄짓는 것은 다릅니다. 화난다고 모두가 다 욕하며 살지 않습니다. 화가 난다고 모두가 다 죄짓고

살인 : 살인의 본질은 무엇인가?

살지 않습니다. 그 화를 통해 나를 성찰하는 사람도 적지 않습니다. 그 화를 통해 내 못난 성품을 보며 또다시 회개하고 주님 발아래 엎드리는 사람도 많습니다.

바울은 화가 날 때 세 가지를 명심하라고 알려 줍니다. 첫째, 죄는 짓지 마십시오. 그 사람을 경멸하거나 욕하지 마십시오. 둘째, 그날로 해결하십시오. 분노의 시한은 그날입니다. 그날 안에 분노는 해소되어야 합니다. 더 오래가면 사태는 점점 더 걷잡을 수 없이 악화됩니다. 셋째, 마귀에게 틈을 주지 마십시오. 마귀는 온갖 보복과 복수의 아이디어를 제공할 것입니다. 별의별 소리로 마음을 들쑤실 것입니다. 신앙 전체가 흔들릴 것입니다. 하나님이 갑자기 사라진 것 같을 것입니다.

'살인하지 말라'는 살인범이 되지 말라는 말이 아닙니다. '분노하지 말라'는 것이고 '화가 나더라도 오래 품지 말라'는 것입니다. 살인하지 말라는 말은 가까이 있는 사람 경멸하지 말고 욕하지 말고 험담하지 말라는 것입니다. 저도 이런 어리석음에서 자유롭지 않습니다. 누군가를 경멸하고 무시하는 말을 했다가 관계가 어려워진 일도 있습니다. 하지만 그것이 살인이라고 생각하지 않았습니다. 말씀을 읽고 듣고 전하면서도 말씀과 상관없는 삶을 산 것입니다.

그래서 저 자신부터 깊이 회개하고 결단하고자 합니다. 이웃을 무시하고 이웃을 욕하는 살인죄를 범하지 않겠습니다.

제 힘으로 못합니다. 성령님! 제 입술을 지켜 주시고 정직한 영을 날마다 새롭게 해 주십시오.

4

간음

음란의 뿌리   마 5:27-37

하나님 나라란 전적으로 하나님과의 관계를 가진 백성들의 공동체를 말합니다. 그러므로 하나님은 하나님 나라 백성을 통해 하나님 나라를 확장하십니다. 하나님은 먼저 하나님 나라 백성을 만들기 위해 택한 백성을 세상 나라에서 광야로 불러내십니다. 하나님이 광야에서 하시는 일은 오직 한 가지입니다. 하나님이 누구인지를 알려 주는 일입니다. 광야 훈련의 핵심은 자녀들이 하나님을 온전히 내 삶의 중심에 모시는 것이고, 전적으로 하나님만 의지하는 삶을 배우는 것입니다. 광야는 오직 하나님만 바라보는 곳입니다.

예수님은 구약의 훈련 교과과정을 전면 개편하셨습니다. 그리고 광야 이름을 새롭게 지으셨습니다. 그 이름이 바로 교회입니다. 비록 이름은 바뀌었지만 광야와 교회 훈련의 본질은 같습니다. 하나님의 백성과 제자들이 세상을 더 이상 두려워하지 않고 세상은 내 밥이다, 세상이 참 안됐다, 또한 세상이 온통 희어져 추수할 때구나, 이런 생각으로 가득하면 훈련은 끝납니다.
예수님은 그러나 구약시대와 달리 특별히 제자들에게 반드시
졸업장을 주십니다. 성령세례입니다. 나 혼자서는 배운 대로 못
살기 때문에 동반자를 붙여 주시는 것입니다.

　　구약에서 하나님은 하나님의 백성들을 세상 속에 다시
돌려보낼 때 세상 사람들 속에 살면서 절대로 하나님 나라 백성
의 모습을 잃지 말라고 당부하십니다. 그 기준, 그 계명이 바로
십계명입니다. 십계명은 하나님이 세상에 다시 뛰어드는 우리
에게 하나님과의 관계를 지키는 것이 먼저이고 본업이다, 세상
과의 관계는 그다음이고 부업이라는 것을 돌판에 새겨 주면서
잊지 말라고 신신당부를 하신 것입니다. 하나님 나라 백성들은
대체 무엇을 어떻게 지키고 사는지를 세상이 보고 하나님을 알
게 하라는 것이 하나님의 계명입니다. 살인에 이어 하나님 나라
백성들이 공동체로 살면서 서로 해서는 안 될 두 번째가 '간음'
입니다. 십계명의 제7계명이요, 이웃 계명의 두 번째입니다.

##　　　　　　간음은 병든 마음에서부터 시작

　　간음 계명도 살인 계명과 마찬가지로 새롭게 해석해 주
십니다. 간음이란 마음에 음욕을 품는 데서 시작되는 것이므로,

간음을 행하지 않는 것은 기본 중에 기본이고, 마음으로도 음욕을 품지 말라고 하십니다. 음욕을 품고 여자를 뚫어지게 쳐다보고 있다면 그건 이미 마음으로 간음한 것이라는 겁니다. 이 잣대로 보면 세상의 어떤 남자도 간음죄에서 자유로울 수가 없습니다. 그렇다면 남자만 간음죄가 있습니까? 아닙니다. 여자도 남자를 향해 음욕을 품었다면 간음한 것입니다. 남자가 남자를 향해 음욕을 품는 것도 간음이고, 여자가 여자를 향해 음욕을 품는 것도 간음입니다.

예수님의 잣대가 너무 지나치지 않습니까? 예수님은 인간의 문자적인 율법 해석에서 비롯된 도덕적 편향성과 위선을 바로잡기 위해 이 말씀을 하셨습니다. 간음이란 몸에서 시작된 것이 아니라 마음에서 시작된 것입니다. 예수님은 언제나 드러난 행동과 드러나지 않은 내 안의 동기를 동일하게 다루십니다. 세상의 죄형법정주의에 머무르시지 않습니다.

27 또 간음하지 말라 하였다는 것을 너희가 들었으나 28 나는 너희에게 이르노니 음욕을 품고 여자를 보는 자마다 마음에 이미 간음하였느니라 _____ 마 5:27-28

그렇다면 예수님은 인간의 모든 성적인 욕망을 죄라고 한 것입니까? 아니지요. 부부간의 아름다운 성애를 나무라시는

간음 : 음란의 뿌리

게 아닙니다. 음욕이란 사랑이 결여된 충동적 욕구를 말합니다. 살인이 내 욕망이 좌절되었을 때 솟아오르는 분노에서 시작되는 것처럼, 간음은 성적 충동이 대상과 상관없이 일어날 때 시작된다는 것을 알려 주신 것입니다.

당시 유대인들은 이 말씀을 듣고 참으로 당황스러웠을 것입니다. 바라보는 것으로 간음죄가 성립된다는 말씀에 충격을 받았을 것이고, 바라보는 간음을 즐겼을 사람들은 어쩌면 자신의 정체가 드러난 것 때문에 당황했을 것입니다.

우리 사회는 간음 자체를 죄로 여겨서는 안 된다는 지경에 이르렀습니다. 그러니 하나님을 거부하는 사람들한테는 마음으로 간음했느냐, 안 했느냐를 얘기하는 것 자체가 조롱거리일 뿐입니다. 내가 내 마음으로 음욕을 품건 말건 그게 왜 당신이 시비할 거리가 되느냐고 할 것입니다. 그러나 하나님 나라의 궁극적인 목적은 거룩함입니다. 그런데 거룩을 해치는 주범이바로 분노와 음란과 거짓입니다. 분노는 공동체 전체를 흉기로두드려서 금이 가게 하고 파열음을 일으켜 뒤흔들어 놓습니다. 끝내 곳곳에 생긴 균열로 인해 공동체가 무너지게 됩니다. 그런데 음란은 곰팡이와 같습니다. 내면을 부패하게 만들어 사람이거할 수 없는 곳으로 만들어 버립니다. 또한 거짓은 모든 관계의 기초가 되는 신뢰를 다 허물어 버립니다.

그중에서 이 음란의 폐해는 상상할 수 없을 정도입니다.

우리 사회에 음란이 스며들지 않은 곳이 없습니다. 디지털 기기는 음란이 퍼져 나가는 것을 광속으로 바꾸어 놓았습니다. 각종 미디어는 음란을 마음대로 유통하는 통로가 되었습니다. 문화, 예술, 영화, 공연의 이름으로 음란이 우리 삶 속으로 깊숙이 파고들었고, 범람하는 광고들을 보면 마케팅이란 곧 음란 마케팅이 아닌가 싶습니다. 텔레비전을 보다 보면 자녀들과 함께 눈을 둘 곳이 마땅치 않고, 거리를 걷다 보면 부부가 함께 바라볼 데가 적절치 않습니다.

문제는 이 음란이 가정을 뒤흔들고 있는 것입니다. 우상이 하나님과의 관계를 파국으로 몰아가듯이, 음란은 부부관계와 가정을 파탄으로 몰고 갑니다. 잠시 품었던 음욕 때문에 자신의 인생과 배우자의 인생, 그리고 자녀들의 인생을 파멸시킨 사례는 헤아릴 수 없이 많습니다. 그래서 간음과 이혼은 밀접히 연결된 주제입니다. 물론 이혼에는 또 다른 문제들이 도사리고 있지만 오늘날 우리 사회에서 일어나는 이혼의 압도적인 이유는 바로 간음에 있습니다.

> 31 또 일렀으되 누구든지 아내를 버리려거든 이혼 증서를 줄 것이라 하였으나 32 나는 너희에게 이르노니 누구든지 음행한 이유 없이 아내를 버리면 이는 그로 간음하게 함이요 또 누구든지 버림받은 여자에게 장가드는 자도 간음함이니라 ____ 마 5:31-32

간음 : 음란의 뿌리

그때까지만 해도 간음이란 돌로 쳐 죽이는 죄였습니다. 그렇다면 왜 이런 규정을 두었겠습니까? 그 이유는 남자들이 사소한 이유를 들어 여자를 마음대로 내쫓지 못하게 하기 위해서입니다.

> **1** 사람이 아내를 맞이하여 데려온 후에 그에게 수치되는 일이 있음을 발견하고 그를 기뻐하지 아니하면 이혼 증서를 써서 그의 손에 주고 그를 자기 집에서 내보낼 것이요 **2** 그 여자는 그의 집에서 나가서 다른 사람의 아내가 되려니와 **3** 그의 둘째 남편도 그를 미워하여 이혼 증서를 써서 그의 손에 주고 그를 자기 집에서 내보냈거나 또는 그를 아내로 맞이한 둘째 남편이 죽었다 하자 **4** 그 여자는 이미 몸을 더럽혔은즉 그를 내보낸 전남편이 그를 다시 아내로 맞이하지 말지니 이 일은 여호와 앞에 가증한 것이라 너는 네 하나님 여호와께서 네게 기업으로 주시는 땅을 범죄하게 하지 말지니라 _____ **신 24:1-4**

여기서 수치란 육체적 결함이 발견된 것을 말합니다. 이 결함은 증명되어야 합니다. 이때 써 주는 이혼 증서는 간음 때문이 아니라는 것을 확인해 주는 것이고 다른 남자와 재혼할 수 있는 길을 터주기 위한 것이 목적입니다. 아니면 돌에 맞아 죽을 수 있기 때문입니다. 그리고 한번 이혼 증서를 써 주는 것은 다시 본남편과 결혼할 수 없다는 뜻입니다. 왜 그랬을까요? 섣불리 이혼하지 말라는 뜻입니다. 그런데 이 이혼 증서 규정이 예수님 당시에는 악용되어 이혼 증서만 써 주면 마음대로 여인을 버릴 수 있다고 해석했습니다. 이혼 증서 제도가 남자들의 정욕과 이기심을 충족시키는 방편으로 전락한 것입니다.

예수님은 이에 대해 단호한 입장을 천명하십니다. 나중에 바리새인들에게 다시 이 문제를 분명하게 말씀하십니다.

> 3 바리새인들이 예수께 나아와 그를 시험하여 이르되 사람이 어떤 이유가 있으면 그 아내를 버리는 것이 옳으니이까 4 예수께서 대답하여 이르시되 사람을 지으신 이가 본래 그들을 남자와 여자로 지으시고 5 말씀하시기를 그러므로 사람이 그 부모를 떠나서 아내에게 합하여 그 둘이 한 몸이 될지니라 하신 것을 읽지 못하였느냐 6 그런즉 이제 둘이 아니요 한 몸이니 그러므로 하나님이 짝지어 주신 것을 사람이 나누지 못할지니라 하시니 ____ 마 19:3-6

예수님은 이혼의 조건을 묻는 바리새인들에게 먼저 결혼의 의미를 자세하게 알려 주십니다. 결혼이란 하나님이 지으신 남자와 여자가 합하여 둘이 한 몸이 되는 것이라고 정의해 주십니다. 동성 간에 한 몸이 될 수 있다고 주장하는 것과는 거리가 있지요. 동성 간에도 결혼이 가능하다는 주장은 성경적이

간음 : 음란의 뿌리

지 않습니다. 모든 것을 법으로 규정할 수 있고 법으로 바꿀 수 있다고 해도 법의 권위가 하나님의 권위에 우선하지 않습니다. 이 세상의 모든 권위는 하나님으로부터 비롯된 것이기 때문입니다.

결혼은 한 몸이 되는 것이고 그 출발은 부모를 떠나는 데서 시작됩니다. 특별히 남자가 부모를 떠나 아내에게 합하는 것입니다. 부모를 떠나지 못해 뜻밖의 어려움을 겪는 가정이 많습니다. 여자도 마찬가지입니다. 남자가 부모를 떠나지 못하는 이상으로 여자가 부모를 떠나 남자에게 온전히 합하지 못하는 일이 많습니다. 그 때문에 새 가정이 탄생하지 못합니다. 하나님의 허락하에 둘이 연합해서 하나가 된 가정은 이후로 사람이 나누지 못합니다. 한 몸이 되었는데 쪼개면 어떻게 됩니까? 죽는 것이지요. 그러므로 결혼이란 이미 나누지 못하는 단계로 들어갔다는 것입니다. 함부로 결혼을 파기할 수 없다는 뜻입니다.

음란을 이겨 내는 오직 한 길

7 여짜오되 그러면 어찌하여 모세는 이혼 증서를 주어서 버리라 명하였나이까 8 예수께서 이르시되 모세가 너희 마음의 완악함 때문에 아내 버림을 허락하였거니와 본래는 그렇지 아니하니라

9 내가 너희에게 말하노니 누구든지 음행한 이유 외에 아내를 버리고 다른 데 장가 드는 자는 간음함이니라 _____ **마 19:7-9**

바리새인들이 집요하게 묻습니다. 그럼 왜 모세가 이혼 증서를 주어서 아내를 버리라 하였습니까? 예수님이 분명하게 답하십니다. "너희 마음이 악하기 때문이다." 악하다는 말은 이 기적이라는 뜻입니다. 배우자에게 더 이상 취할 이익이 없기 때문에 버리고 떠난다는 것입니다. 또 다른 이유는 간음과 같은 이유입니다. 정욕 때문이고 불륜 때문입니다. 물론 예외적인 경우가 있습니다. 폭력적이거나 정신이상이거나 극도의 의처증이나 의부증과 같은 경우지요. 그러나 그럴 때도 이혼의 동기가 내 안에 있는 완악함 때문은 아닌지 스스로 자문해 보아야 합니다.

예수님은 여기서 이혼의 조건으로 음행을 말씀하십니다. 음란해서는 가정을 지킬 수 없기 때문입니다. 세상이 너무 음란하여 가정을 지키는 일이 갈수록 쉽지 않습니다. 가정의 울타리를 허무는 여우 같은 존재가 너무나 많습니다. 가정을 지키는 일은 목숨을 걸어야 할 만큼 어렵고 힘든 일입니다. 예수님도 극언을 마다하지 않으십니다.

29 만일 네 오른 눈이 너로 실족하게 하거든 빼어 내버리라 네 백체 중 하나가 없어지고 온몸이 지옥에 던져지지 않는 것이 유익하

85

며 **30** 또한 만일 네 오른손이 너로 실족하게 하거든 찍어 내버리
라 네 백체 중 하나가 없어지고 온몸이 지옥에 던져지지 않는 것
이 유익하니라 _____ **마 5:29-30**

만일 눈 때문에 간음을 하게 되었다면 눈을 빼어 버리고,
만일 손 때문에 실족하게 되었다면 손을 잘라 버리라고 말씀하
십니다. 이 말씀에 순종했다면 세상에 두 눈 다 뜨고 있는 사람
이 몇이나 되겠으며 두 손 다 가지고 있는 사람이 얼마나 되겠
습니까? 지나치다 싶은 표현이지요. 예수님의 말씀은 결단하라
는 것입니다. 신체의 일부가 자꾸 음란해지는 유혹의 통로가 되
거든 차라리 없이 살라는 것입니다. 사지 멀쩡해서 지옥에 가는
것에 비교가 되겠습니까?

저는 야채 먹는 것을 별로 좋아하지 않습니다. 때로 정말
먹고 싶지 않습니다. 그때마다 아내가 일러줍니다. "항암제를
먹을까, 야채를 먹을까 생각해 보고 선택하세요." 이 표현도 좀
극단적인 처방이지만 굉장히 효과적입니다. 그런데 예수님 말
씀은 이보다 더하지요. "눈을 뺄래? 지옥 갈래?" 우리는 눈도 빼
지 않고 지옥도 가고 싶지 않습니다. 그러면 어떻게 해야 합니
까? 음란을 어떻게 이겨 낼 수 있습니까?

음란은 타락한 자기애, 자기 사랑입니다. 간음은 변질
된 타자애, 타인 사랑입니다. 간음은 음란의 확장입니다. 이 거

짓 사랑, 가짜 사랑, 변질되고 부패한 사랑인 음란은 진짜를 경험하지 않으면 못 고칩니다. 중독은 가짜에 빠져드는 것입니다. 모조품에 눈이 먼 것입니다. 진짜를 경험해야 합니다. 내 안에 하나님이 차고 넘쳐야 합니다. 하나님이 차오르는 것은 곧 사랑으로 차오르는 것입니다. 이 사랑이 차오르는 벅찬 감동을 경험해야 가짜에 마음을 빼앗기지 않습니다. 진짜 사랑하면 누구나 그 사랑에 올인합니다. 죽도록 사랑하면 정말 다른 생각이 들지 않습니다. 누군가를 정말 사랑하면 음란할 시간이 없습니다. 음란한 까닭은 지금 누군가를 진정으로 사랑하지 않기 때문입니다. 진짜 죽도록 사랑하지 않기 때문입니다. 박철 시인의 고백이 인상적입니다.

> 나 죽도록
>
> 사랑했건만,
>
> 죽지 않았네
>
> 내 사랑 고만큼
>
> 모자랐던 것이다
> _____ **박철 <사랑>**

죽도록 사랑해도 죽지 않았다면 내 사랑이 그만큼 모자란 거라고 시인은 고백하고 있습니다. 우리는 누군가에게 전부

간음 : 음란의 뿌리

를 드리지 않으면 근원적인 불안에서 벗어나지 못하는 존재입니다. 내가 나를 지니고 살고 책임지고 살기에는 내가 너무나 무력한 존재이기 때문입니다. 그래서 실존주의는 근원적이고 존재적인 불안을 얘기합니다. 인간의 사랑은 존재의 불안에서 비롯된 타인을 향한 손짓이고 몸짓입니다. 음란이란 그 손짓과 몸짓의 그림자일 뿐입니다.

세상에 어느 누구도 나를 죽도록 사랑해 줄 수 있는 사람은 없습니다. 죽도록 사랑한다고 고백했어도 죽지 않았으니 다 '고만큼' 모자랍니다. 죽도록 사랑한다고 고백하는 사람들은 오히려 위험합니다. 자기가 죽기보다 오히려 상대방을 살해하는 사람으로 돌변할 수 있습니다. 오직 예수님만이 나를 죽도록 사랑하고 실제로 죽으셨습니다. 그래서 예수님의 사랑에는 모자람이 없고 그림자가 없고 부족함이 없습니다. 그 사랑이 내게 오면 비로소 음란에서 벗어납니다. 교육 받는다고 음란에서 벗어날 수 있는 것도 아니고, 치료 받는다고 완전히 벗어나는 것도 아니고, 감옥에 가두고 전자발찌 채운다고 벗어날 수 있는 것도 아닙니다. 음란을 이겨 내는 길은 오직 한 길입니다. 아버지의 사랑 받는 자가 되는 것입니다. 예수님의 사랑이 내 안에 차고 넘치는 길 외에 다른 길이 없습니다.

물컵에 공기를 빼내는 길은 물이 차오르는 것 외에 다른 방법이 없습니다. 물컵에 물이 줄어들면 그만큼 공기가 들어옵니다. 우리 안에 사랑이 차오르는 것 외에 음란에서 벗어나는 다른 방법이 없습니다. 우리 안에 사랑이 줄어들면 그만큼 음란이 들어옵니다. 교회 다닌다고 해결됩니까? 예수님은 오히려 더 엄히 경계하십니다. 간음죄를 실제로 짓지 않았다고 안심하는 자여, 그대 안에 지금 음란이 꿈틀대고 있다면 이미 간음하고 있는 것일세, 이렇게 일러주시는 거지요. 그리고 이 문제에 관한 한 누가 누구를 비난할 수 있느냐고 물으십니다.

요한복음 8장에 나오는 간음한 여인의 이야기가 바로 그 이야기 아닙니까? 한 여인이 간음하다 현장에서 붙잡혔습니다. 율법에 따르면 돌로 쳐 죽여야 마땅합니다. 그래서 모두가 돌을 들었습니다. 그때 예수님은 한참 땅에 무슨 글씨를 쓰다가 일어나 말씀하십니다. "누구든지 죄 없는 자가 먼저 치라."

사람들은 돌을 내려놓고 현장에서 빠져나갔습니다. 죄 없는 자는 하나님 한 분뿐이기 때문입니다. 그런데 예수님이 말씀하신 '죄 없는 자'에는 '음란하지 않은 자, 마음으로 단 한 번이라도 간음죄를 저지르지 않은 자'라는 뜻이 담겨 있습니다. 예수님은 군중들이 흩어지자 여인에게 명하십니다. "가서 다시는 죄를 범하지 말라." 이 여인이 다시 다른 남자와 간음했을까요? 예수님을 만난 사람은 간음하지 않습니다.

간음 : 음란의 뿌리

음란의 뿌리

음란의 문제는 단지 육신의 문제가 아닙니다. 음란의 뿌리는 병든 영혼입니다. 음란은 영혼의 질병입니다. 그래서 우리가 음란하다고 하는 사람에게조차 예수님은 관대하십니다. 수가성 우물가의 여인은 남편이 다섯이나 있었고 지금 같이 사는 남자도 제대로 결혼한 남편이 아닙니다. 이 여인은 필시 사람들에게 창녀 취급을 받았을 것입니다. 음란한 여인으로 소문났을 것입니다.

예수님은 그런 여인에게 먼저 말을 거셨습니다. 여인은 사람들을 피해 한낮에 물 길러 왔는데 낯선 유대 남자가 말을 걸자 깜짝 놀랐습니다. 왜 나 같은 여자에게 말을 거나 의심쩍기도 했습니다. 예수님은 이 여인이 스스로 자신이 안고 있는 문제의 뿌리를 볼 수 있도록 하십니다.

> 13 예수께서 대답하여 이르시되 이 물을 마시는 자마다 다시 목마르려니와 14 내가 주는 물을 마시는 자는 영원히 목마르지 아니하리니 내가 주는 물은 그 속에서 영생하도록 솟아나는 샘물이 되리라 ____ 요 4:13-14

안에서 생수가 솟아나야 인생의 갈증에서 비롯된 모든

문제, 음란과 간음을 포함한 모든 문제가 해결된다는 것입니다. 그 생수는 예수님이 채워 주시는 생수, 영원히 마르지 않고 솟아나는 생수입니다. 남자에 대한 목마름, 인생에 대한 목마름으로부터 벗어나는 길은 예수님이라는 생수를 마시는 것입니다. 그런 다음 예수님은 여인의 남편에 대한 얘기를 꺼내십니다. 그러자 여인이 화들짝 놀랍니다. 그런데 놀랍게도 이 여인이 예수님과의 대화 주제를 예배로 방향을 바꾸어 끌고 갑니다. 이 여인이 예수님과 대화하는 중에 자연스럽게 내 안에서 솟아나야 하는 것들은 예배와 관련이 있지 않나 생각하게 된 것이지요.

여기서 우리는 사도 요한이 예수님과 사마리아 여인의 대화를 굳이 기록한 데는 그만의 깊은 통찰과 의도가 있기 때문이었다는 것을 발견할 수 있습니다. 예배는 신앙의 본질입니다. 그런데 예수님은 그 중요한 예배의 본질을 제자들이 아닌 사마리아 여인에게 가르쳐 주십니다. 왜 그랬을까요? 음란의 문제, 간음의 문제, 욕정의 문제는 예배가 무너진 데서 나온 것임을 가르치시고자 한 것입니다.

하나님은 영이시니 예배하는 자가 영과 진리로 예배할지니라
___ 요 4:24

사실 음란은 예배에 그 뿌리가 닿아 있습니다. 사탄은 나

를 예배하는 존재입니다. 그래서 사탄은 음란합니다. 음란은 나를 예배하고 있다는 증거 중 하나입니다. 간음은 누군가를 사랑하고 있는 것이 아닙니다. 나를 예배하고 있는 것이고 그 배후에는 사탄이 도사리고 있는 것입니다. 어둠의 세력들이 가는 길은 하나같이 음란합니다. 음란에서 벗어나는 길은 예배를 회복하는 길입니다. 진정한 예배자는 음란하지 않습니다. 그러나 성가대에 서 있을지라도 나를 예배하는 사람들이 있고, 찬양 인도를 하면서도 나를 예배하는 사람들이 있습니다. 그들을 계속 지켜보십시오. 반드시 음란한 사건이 생기거나 몰래 음란합니다.

진정한 예배란 몰입입니다. 나한테 취해서 찬양하는 것이 아닙니다. 나한테 몰입해서 예배드리는 것이 아닙니다. 찬양이란 멜로디가 있는 기도입니다. 하나님을 향한 기도입니다. 예배는 하나님 앞에 내 전부를 내려놓는 것이고, 내 전부를 드리겠다는 약속입니다. 예배를 바로 드리면 음란에서 벗어납니다. 예배를 제대로 드리면 내 안에서 생수가 솟아납니다. 이 생수가 모든 상처를 치유합니다. 더 이상 목마르지 않은데 왜 음란하겠습니까? 더 이상 누군가로부터 욕망을 충족시킬 이유가 없는데 왜 간음하겠습니까?

사탄은 우리를 밀 까부르듯이 하며 가만두지 않습니다. 음란한 생각을 하게 하고 음란한 것들에 시선을 돌리게 하고 음란물에 중독되게 합니다. 요한계시록 17장에는 세상에 범람하는 음란이 어떤 모양을 하고 있는지 보여 줍니다.

> 또 천사가 내게 말하되 네가 본 바 음녀가 앉아 있는 물은 백성과 무리와 열국과 방언들이니라 ____ 계 17:15

사도 요한이 본 음녀는 큰 성 바벨론을 뜻합니다. 제국을 말합니다. 이 제국이 왜 음녀의 모습일까요? 음란한 사탄이 쥐고 있기 때문입니다. 나라가 망하는 것은 제도 때문이 아니라 음란 때문입니다. 로마가 망한 것은 음란이 극에 달했을 때입니다. 지금 이 시대와 다릅니까? 음란의 파도가 삼키지 못할 사람이 없고 나라가 없습니다. 도덕과 윤리가 방파제 노릇을 해왔지만 이제 법으로 그 둑을 다 허물어 버리고 있습니다. 종교가 댐의 수위를 조절하듯 마지막 보루 역할을 해왔지만 이제 그마저도 위태로워졌습니다.

때문에 교회는 가정으로 돌아가야 합니다. 제도로서의 교회는 이제 능력을 잃었습니다. 패밀리 워십(family worship)으로 돌아가야 합니다. 우리 교회는 어린 자녀들과 함께 예배를 드립니다. 가족이 함께 예수님 안에 거하기를 원하기 때문입니다. 성경도 자녀들과 함께 읽습니다. 어린 자녀들과 함께 성경을 읽을 때 아이들이 살아났다는 간증을 듣습니다. 자녀들을 어떻게 음란으로부터 지킬 수 있습니까? 참 예배를 드리는 것입니다.

예배로 회복되는 것이 또한 정직입니다. 음란과 거짓은 붙어 다닙니다. 예배와 정직도 불가분입니다. 하나님 앞에 있는데 어떻게 거짓을 말하겠습니까?

> 33 또 옛사람에게 말한 바 헛맹세를 하지 말고 네 맹세한 것을 주께 지키라 하였다는 것을 너희가 들었으나 34 나는 너희에게 이르노니 도무지 맹세하지 말지니 하늘로도 하지 말라 이는 하나님의 보좌임이요 35 땅으로도 하지 말라 이는 하나님의 발등상임이요 예루살렘으로도 하지 말라 이는 큰 임금의 성임이요 36 네 머리로도 하지 말라 이는 네가 한 터럭도 희고 검게 할 수 없음이라 37 오직 너희 말은 옳다 옳다, 아니라 아니라 하라 이에서 지나는 것은 악으로부터 나느니라 _____ 마 5:33-37

이 말씀의 핵심은 정직하면 맹세할 필요가 없다는 것입니다. 정직한 사람은 다른 권위를 들먹일 이유가 없다는 것입니다. 내가 힘이 없다고 생각하는 사람은 힘 있는 사람들 이름을 들먹입니다. 내가 유명하지 않은 것이 콤플렉스이면 유명한 사람을 들먹입니다. 내가 돈이 없어서 불안하다면 돈이 많은 것처럼 행세합니다. 마찬가지로 내 말이 스스로 생각해도 정직하지 않으면 헛맹세를 하게 됩니다. 예수님은 일목요연하게 정리해 주십니다. 어떤 맹세도 할 필요가 없다는 것입니다.

당시 사람들은 맹세를 쉽게 했거니와 맹세할 때 이런저런 것들을 걸고 맹세했습니다. 그것 다 네 것도 아니고 그걸 걸고 맹세해 봐야 또 다른 거짓에 지나지 않는다고 말씀하십니다. 그러니 그냥 예, 아니오 두 마디만 분명히 하라고 하십니다. 얼버무리지도 말고 맹세하려고도 하지 말라는 것입니다. 예, 아니오, 감사합니다, 죄송합니다, 이 네 마디를 잘하는 사람이 세상에서 제일 말 잘하는 사람입니다.

이 시대를 살면서 혼란스럽지 않은 사람이 없습니다. 불안하지 않은 사람이 없습니다. 그래서 세상을 두리번거립니다. 사람들이 어디로 가나 살피느라 정신이 없습니다. 수많은 사람들이 어디로 가는지 모른 채 가고 있습니다. 빨리 가는 사람도 빨리 가는 이유를 모르고, 주저앉아 있는 사람도 왜 주저앉아 있는지 이유를 모릅니다. 사람들은 다수라는 것 때문에 두려워하고 눈치를 보지만 다수라고 해서 결코 정의와 진리가 아닙니다. 예수님은 다수가 정의이며 진리라고 믿는 세상을 향해 말씀하십니다. 너희들이 그렇게 들었으나 나는 이렇게 말한다, 세상의 방향을 거스르는 말씀입니다. 그러므로 결단하십시오. 음란한 세상을 좇을지 음란한 세상을 거스를지 순간순간 결단하십시오. 아무리 바른 기준이 주어져도 결단하는 것은 내 몫입니다.

간음 : 음란의 뿌리

5

정의

너희도 온전하라   **마 5:38-48**

하나님 나라의 백성으로 사는 길에 대한 예수님의 말씀은 들으면 들을수록 좌절감을 안겨 줍니다. 도대체 이 악한 세상을 잘 몰라서 하시는 말씀인가, 아니면 알고도 저런 말씀을 하시나, 알면 도대체 어떻게 저런 말씀을 하실 수 있나 별의별 생각이 다 듭니다. 그러나 내 생각이 어떻든 예수님이 하신 말씀은 내가 하고 싶으면 하고 내가 하기 싫으면 안 해도 좋은 그런 것이 아닙니다. 예수님의 말씀은 명령이기 때문에 내 생각이나 내 의지와 다르더라도 그 말씀을 따라야 합니다.

그러나 실제는 어떻습니까? 대부분 말씀 따로 생활 따로 아닙니까? 결과적으로 십자가는 장식품으로 전락했습니다. 교회는 그냥 예수님을 주님이라고 부르는 그들만의 장소처럼 여겨지게 되었습니다. 우리가 다시 예수님의 첫 설교를 듣는 까닭이 무엇입니까? 우리 신앙의 출발점이자 종착점이기 때문입니다.

길을 잃었을 때 가장 빠른 길은 출발지로 되돌아가는 것

정의 : 너희도 온전하라

입니다. 교회가 어디로 가야 하나, 크리스천은 어디를 바라보아야 하나 혼란스럽다면 예수님께로 돌아가면 됩니다.

예수님의 첫 설교는 우리가 복 받기를 간절히 원한다는 것을 아시기에 복이 무엇인지부터 시작합니다. 계명 잘 지키는 것이 복 받는 길이라고 생각하지만 계명을 문자로만 이해하고 본질을 놓쳐서는 아무 소용도 없다는 것을 가르쳐 주십니다. 예수님은 크리스천이란 세상의 도덕과 윤리 차원의 삶에 머무르는 것이 아니라 그 기준을 넘어 초월적인 삶을 사는 존재임을 알려 주십니다. 신앙의 본질은 초월성입니다.

'눈에는 눈 이에는 이'가 왜 은혜인가

예수님은 살인과 간음에 이어 복수와 원수에 대한 말씀을 해주십니다. 살면서 억울한 일 겪어 보지 않은 사람은 없을 것입니다. 또 도저히 용서할 수 없는 원수 같은 사람이 없는 사람도 없습니다. 이 사람들과 어떻게 같이 살아야 합니까? 분노를 해결하지 않고는 살인을 해결할 수 없고, 음란에서 벗어나지 않고는 간음을 해결할 수 없다고 가르쳐 주셨듯이, 예수님은 이제 복수와 원수를 해결하는 하나님 나라의 방법이 무엇인지를 알려 주십니다.

하나님의 말씀을 들을 때 전제가 있습니다. 우리가 이해가 되건 안 되건 수용이 되건 안 되건 내 생각은 중요하지 않다는 것입니다. 예수님의 말씀만 중요합니다. 그리고 그 말씀은 내가 하고 싶을 때 하고 마음 내키지 않으면 그만둘 수 있는 것이 아닙니다. 그렇게 할 생각이면 예수님을 떠나면 됩니다. 예수님을 따르기로 결단했다면 말씀은 선택을 요구하는 것이 아니라 순종을 요구합니다. 사제지간이란 제자가 스승을 기준 삼기로 결단했다는 뜻이고, 나보다 스승이 더 중요하다는 것을 자각하고 있다는 뜻입니다.

또 눈은 눈으로, 이는 이로 갚으라 하였다는 것을 너희가 들었으나 ＿＿＿ 마 5:38

예수님이 또다시 너희가 지금까지 이렇게 들었지만 나는 그렇게 말하지 않는다고 말씀하십니다. 대제사장이나 바리새인들, 그리고 율법학자들과는 전혀 다른 해석입니다. '눈은 눈으로, 이는 이로' 갚으라는 표현이 구약성경에 세 번 기록돼 있습니다. 각각 출애굽기, 레위기, 신명기입니다.

23 그러나 다른 해가 있으면 갚되 생명은 생명으로, 24 눈은 눈으로, 이는 이로, 손은 손으로, 발은 발로, 25 덴 것은 덴 것으로,

정의 : 너희도 온전하라

상하게 한 것은 상함으로, 때린 것은 때림으로 갚을지니라 _____
출 21:23-25

19 사람이 만일 그의 이웃에게 상해를 입혔으면 그가 행한 대로 그에게 행할 것이니 20 상처에는 상처로, 눈에는 눈으로, 이에는 이로 갚을지라 남에게 상해를 입힌 그대로 그에게 그렇게 할 것이며 _____ 레 24:19-20

네 눈이 긍휼히 여기지 말라 생명에는 생명으로, 눈에는 눈으로, 이에는 이로, 손에는 손으로, 발에는 발로이니라 _____ 신 19:21

'눈에는 눈으로, 이에는 이로' 보복하라, 피해를 되돌려 주라고 율법은 반복해서 말하고 있습니다. 세 번이나 되풀이해서 기록된 것으로 보아 이렇게 보복하는 것이 정당한 것임을 확인시켜 줍니다. 그런데 이게 반드시 보복하라는 말입니까? 예수님은 뭐라고 하십니까?

나는 너희에게 이르노니 악한 자를 대적하지 말라 _____ 마 5:39

여기서 '악한 자'란 문자 그대로 악인을 뜻하지만 더 깊은 뜻을 헤아려 보면 '내게 손해를 끼친 자'를 말합니다. 내게 의도적으로 악의를 품고 괴로움과 슬픔, 고통, 재앙, 불행을 가져다준 자를 말합니다. 그런데 그 사람을 대적하지 말라, 대항하지 말라고 하십니다. 율법은 분명 '눈에는 눈으로, 이에는 이로' 되돌려 주라고 하는데 예수님은 그와 정반대되는 해석을 하고 계십니다. 과연 예수님이 성경에 정면으로 위배되는 말씀을 하신 것입니까? 아닙니다. 예수님은 이 보복의 출발점이 어디인지를 정확히 들여다볼 것을 요구하십니다.

예수님 당시 법의 준칙으로 여겼던 '눈에는 눈, 이에는 이'라고 하는 동형보복법은 요즘 말로 하면 가장 쿨한 해결책입니다. 손해 본 그대로 배상하면 더 이상 요구할 것이 없으니 형평이고 정의입니다. 이 법의 원래 목적은 악이 악순환을 일으키지 않도록 하는 은혜로운 조치로, 하나님께서 인간관계를 파멸에 이르지 않도록 하고자 주신 율법입니다. 실제 이런 법이 없다면 인간은 '한 눈에는 두 눈으로, 한 이에는 세 이로' 보복할 것입니다. 그리고 일단 보복이 시작되면 걷잡을 수 없이 사태가 악화됩니다. 개인의 보복은 집단의 보복으로 확산되고, 작은 갈등은 곧 수습할 수 없는 분쟁으로 확대됩니다. 그러므로 '눈에는 눈, 이에는 이'를 규정한 것은 악을 개인의 차원에 묶어 두고자 하는 것이고, 보복을 합리화하고자 하는 것이 아니라 복수를 최소한으로 제한하고자 한 것입니다.

한 가지 더 주목할 것은 '눈에는 눈, 이에는 이'라고 하는

정의 : 너희도 온전하라

것이 당시 보복을 심판할 때 정당한 보복인가 여부를 가리는 재판의 기준이었다는 사실입니다. 피해를 당했을 때 반드시 되갚으라고 주신 법이 아닌 것입니다. 예수님은 이 법의 출발점을 다시 알려 주시면서, 오히려 피해를 당했을지라도 그 피해를 회복할 권리를 내가 먼저 포기할 때 하나님 나라의 정의가 이뤄진다고 가르치십니다.

세상의 정의는 권리의 회복을 주장합니다. 그래서 언제나 의무 이행보다 권리 주장의 목소리가 높습니다. 권리를 주장하는 곳마다 갈등이 있고 정의를 부르짖는 곳마다 충돌이 있습니다. 그러나 그 권리 주장이 모두 합당한 것입니까? 내 이익을 보호하겠다는 목소리가 언제나 옳은 것입니까? 권리는 어디까지 보장되어야 합니까? 이해가 상반되는 쌍방의 얘기를 들어 보면 두 사람의 주장은 평행선을 긋습니다. 절충이 되면 다행이지만 많은 경우 서로의 권리를 주장하다가 감정의 골이 깊어져 회복할 수 없는 관계에 이릅니다.

심지어 극단적인 선택을 합니다. 아파트나 연립주택에 사는 사람들 간에 소음 때문에 서로의 권리를 다투다 살인까지 저지르고, 차선을 놓고 서로의 권리를 다투다가 자주 교통사고를 일으킵니다. 부부간에 권리를 주장하다가 이혼에 이르는 일은 또 얼마나 많습니까? 당사자의 얘기를 들어 보면 서로 내 권리가 침해됐다는 주장뿐입니다.

이렇듯 인간이 생각하는 정의는 자기 권리가 100% 보장받는 것이지만, 사실은 내 뜻이 100% 이뤄지는 것을 정의로 생각합니다. 이 정의에 대한 철학자들의 정의도 플라톤(Platon)에서 롤스(J. Rawls), 마이클 샌델(Michael Sandel)에 이르기까지 다 제각각입니다. 정의를 어떻게 이룰 것인가에 대한 방법론도 다 다릅니다.

그런데 우리에게 중요한 것은 한 시대의 정의론이 아니라 예수님의 기준입니다. 예수님은 하나님 나라의 정의란 어떻게 이루어지는지를 예를 들어 말씀해 주십니다.

하나님 나라 법의 본질은 사랑

누구든지 네 오른편 뺨을 치거든 왼편도 돌려 대며 _____ 마 5:39

첫째, 오른쪽 뺨을 맞았습니다. 유대인들이 오른쪽 뺨을 맞았다는 것은 두 배의 모욕을 받았다는 뜻입니다. 대개 오른손을 쓰는 사람이 맞은편에 서 있는 사람의 오른쪽 뺨을 때리려면 오른손 손등으로 쳐야 합니다. 손바닥으로 때리는 것보다 더 수치와 모멸을 주는 행동입니다. 그래서 오른쪽 뺨을 맞았다는 것은 견디기 어려운 모욕을 받았다는 말입니다. 맞는 것도 분한데

정의 : 너희도 온전하라

무시와 멸시까지 당했다는 것입니다. 그런 상황에서 왼쪽 뺨까지 돌려 대라니요! 도무지 가능할 것 같지 않습니다.

그러나 왼뺨을 돌려 대라는 것은 더 때리고 싶다면 때려라, 그러나 나를 대등한 입장에서 때려라라는 의미입니다. 어찌 보면 폭력 앞에서 미동도 하지 않는 반응입니다. 비폭력 무저항의 상징적인 행동입니다.

서울역에서 노숙자 사역을 하는 청년이 있습니다. 청년은 모든 노숙자에게 '아버지'라고 부릅니다. "아버지 안녕하십니까?" "아버지 뭐 필요한 거 없습니까? 제가 도와드리겠습니다." 그는 먹거리를 싸 가져가 같이 먹기도 하고 그들의 하소연을 들어주기도 했습니다. 그러던 어느 날 어떤 노숙자가 다가오더니 다짜고짜 청년의 뺨을 때렸습니다. 순간 팔을 들어 얼굴을 막았는데 다음 순간 팔을 내리고 막무가내로 때리는 매질을 묵묵히 당했습니다. 그 노숙자가 한 말이 가슴에 턱하고 걸렸기 때문입니다.

"너희들 예수쟁이들은 말이야, 먹을 거 좀 주고 설교나 하고 말이야! 누굴 거지로 알아!"

청년은 "제가 대신 사과하겠습니다" 하면서 끝까지 매를 맞았고, 마침내 매질을 멈춘 노숙자가 "꺼져" 해서 "이제 분이 좀 풀리셨습니까? 제가 다음에 와서 조금 더 말씀을 나누겠습니다" 하고 돌아섰습니다. 그 순간 그 노숙자가 그를 불러 세우더니 "이 사람아, 기도는 해주고 가야지" 하더랍니다.

　　이것이 복음입니다. 왼뺨마저 돌려 댐으로써 예수님을 알도록 하는 것이 복음입니다. 하나님 나라는 세상 사람들이 반응하는 방식으로는 절대 오지 않습니다. 기브 앤 테이크(give & take)로는 하나님의 뜻이 이뤄지지 않습니다.

　　또 너를 고발하여 속옷을 가지고자 하는 자에게 겉옷까지도 가지게 하며 ____ **마 5:40**

　　둘째, 속옷을 벗겨 가겠다는 고소를 당했습니다. 물론 빚을 졌겠지요. 상대가 갚을 능력이 없는데도 불구하고 고발해서 잔혹한 요구를 합니다. 이때 겉옷까지 벗어 주라는 것입니다. 겉옷은 유대인들이 저당조차 잡을 수 없는 물품입니다. 즉 고발을 당해도 겉옷은 주지 않고 내가 지킬 수 있는 권리가 있는 것인데 예수님은 그 겉옷마저 주라고 하십니다. 참고로 유대인들이 입는 옷은 겉옷과 속옷 두 가지밖에 없습니다. 그렇다면 속옷을 주고 지금 겉옷까지 주게 되면 벌거벗은 채로 고발자인 채권자 앞에 서라는 얘기입니다. 감당할 수 없는 수치 아닙니까? 그런데 예수님이 지금 묻고 계십니다. 이때 수치가 다 드러난 사람이 부끄럽습니까, 벌거벗게 만들어서 수치를 드러나게 하는 사람이 부끄럽습니까?

정의 : 너희도 온전하라

예수님은 이때로부터 3년 후에 십자가에 벌거벗긴 채 달리십니다. 십자가상을 그리거나 만드는 사람들은 누구도 예수님을 벌거벗긴 모습으로 그리거나 만들지 않습니다. 그 모습이 수치스럽다고 여기기 때문입니다.

그러나 사실 예수님은 이 말씀을 하실 때부터 십자가를 염두에 두고 계셨습니다. 십자가에 내가 벌거벗긴 채 매달리는 것이 부끄러움인가, 아니면 나를 벌거벗겨 십자가에 매다는 자들이 부끄러운가 묻고 계신 것입니다. 살다 보면 우리도 비슷한 일을 겪습니다. 나를 수치스럽게 만드는 사람이 있습니다. 그때 다투면 수치는 사라지지 않습니다. 겉옷을 벗어 주듯 훌훌 떨쳐 버리면 수치를 안겨 주었다고 생각하는 사람이 수치를 겪게 될 것입니다. 하나님의 방법입니다.

> 또 누구든지 너로 억지로 오 리를 가게 하거든 그 사람과 십 리를
> 동행하고 ____ 마 5:41

셋째, 강제 노역에 관한 얘기입니다. 당시 로마법은 군인들이 이동할 때 무거운 짐을 민간인에게 지고 갈 것을 요구할 수 있었습니다. 로마 군인이 아무나 가리켜 무거운 짐을 지라 하면 꼼짝없이 하던 일도 버려두고 짐을 져야 했습니다. 그런데 그 거리가 1.6km입니다. 그 이상은 요구할 수 없습니다. 예수님

은 이때도 자발적으로 1.6km 더 가 주라고 말씀하십니다. 해달라는 만큼만 하는 것도 불쾌하고 힘든데 왜 이런 말씀을 하십니까? 로마 군인에게 충격을 안겨 주라는 것입니다. 군인이 "이제 됐다, 여기서 돌아가라"고 말할 때 "아닙니다. 제가 짐을 더 져 드리지요. 가는 데까지 따라가겠습니다" 한다면 군인의 표정이 어떻겠습니까?

실제 이렇게 사는 그리스도인들이 있습니다. 감동을 주는 삶입니다. 《육일약국 갑시다》를 쓴 김성오 씨는 하나 요구하면 하나 더 주는 삶을 삽니다. 약국에 와서 약은 안 사고 길을 묻는 할머니가 있으면 가게 문을 열어 둔 채 할머니를 그 집까지 바래다주고 옵니다. 같이 살다가 이사 가는 사람 소식을 들으면 박카스 한 박스 가져다줍니다. 이사 오는 사람한테 잘하기는 쉬워도 가는 사람에게 잘하기는 어려운 일입니다. 그 얘기가 전해지면서 약국 주인이던 이분이 대기업 CEO 자리를 맡게 되었습니다.

세상의 방식은 1을 요구할 때 1을 해주는 것이 최선이지만, 김성오 씨는 1.1을 해주기로 결심했다고 합니다. 1에다 0.1만 더해도 세상은 다르다고 느끼고 고마워한다는 걸 알았기 때문입니다. 그도 그럴 것이 세상은 1도 제대로 해주지 않습니다. 1.1은 2를 겸손하게 표현한 것입니다.

예수님은 세상의 불의한 요구와 부당한 권력에 맞서는

정의 : 너희도 온전하라

새로운 길을 제시하십니다. 이 길은 패배의 길이 아닙니다. 상황은 분명히 내 뜻에 어긋나는 상황입니다. 몹시 언짢은 일이고 도저히 승복할 수 없는 일입니다. 불쾌하기 짝이 없고 속에서 부글부글 끓어오르는 것을 억제하기 어려운 상황입니다. 이 상황을 어떻게 반전시켜야 합니까? 세상은 부당한 요구, 부당한 권력에 맞서라고 주장합니다. '눈에는 눈, 이에는 이'로 맞서라 하고, 옷을 달라고 할 때 그 탐욕을 맞고소하라고 하고, 권력의 압제에 맞서 싸우라고 말합니다. 그러나 예수님의 방법은 그렇지 않습니다.

하나님 나라의 백성으로서 살기 위한 예수님의 방법은 무엇입니까? 내가 스스로 상황을 새롭게 만들어서 승리하는 길의 비밀을 알려 주십니다. 나를 둘러싼 환경을 바꾸는 승리가 아니라 환경과 조건에 반응하는 나를 바꾸어 놓는 승리를 말씀하십니다. 사람들은 내 밖에서 나 이외의 것들과 싸워서 이기는 승리에 집착합니다. 예수님은 내 안에서 나를 격동케 하는 존재를 굴복시키는 승리에 주목하라고 말씀하십니다.

원래 복음이란 '전쟁에 이겼다는 소식'입니다. 진 줄 알았는데 이겼다는 것이 복음 아닙니까? 하나님 나라의 복음은 내가 남한테 이겼다는 소식이 아니라 내가 나한테 이겼다는 승리의 소식입니다.

세상은 내 밖에서 싸우고 이기기 위해 죽을힘을 다하며

일생을 보냅니다. 이길 수 있습니까? 끝내 집니다. 끝내 질 수밖에 없습니다. 왜 집니까? 밖에 있는 적은 아무리 꺾고 또 꺾어도 자고 나면 또 다른 적이 자라고 있기 때문입니다. 미인대회가 왜 해마다 열립니까? 세상의 부자들 순위가 왜 해마다 바뀝니까? 왜 끊임없이 권력자가 바뀝니까? 내 밖에서 일어나는 승패는 끝이 없습니다.

　그래서 불안합니다. 그래서 나의 바깥에 평안이란 없습니다. 세상에는 평안이란 없습니다. 잠시 저울추가 평형을 이루는 순간이 있지만 곧 한쪽으로 기울고 맙니다. 신앙이란 내 안에서 승리하는 길입니다. 승리가 내 안에 있고, 이 승리의 소식을 가져다주는 하나님 나라가 내 안에 있다는 것이 복음입니다. 예수님은 지금 내가 승리하는 판을 새롭게 만들어 주십니다.

> 네게 구하는 자에게 주며 네게 꾸고자 하는 자에게 거절하지 말라
> ＿＿＿ 마 5:42

　넷째는 앞에 말씀하신 것을 재차 강조하는 말씀입니다. 꼭 물질적인 것만이겠습니까? 우리의 시간이나 지식, 재능까지 포함하는 것이겠지요. 도움을 청하는 것을 거절하지 말라는 것은 무슨 말입니까? 내 것은 없다는 뜻입니다. 소유를 나누라는 뜻입니다. 바울도 디모데를 통해 우리를 가르칩니다.

　　　　　　　　　　　정의 : 너희도 온전하라

7 우리가 세상에 아무것도 가지고 온 것이 없으매 또한 아무것도 가지고 가지 못하리니 8 우리가 먹을 것과 입을 것이 있은즉 족한 줄로 알 것이니라 9 부하려 하는 자들은 시험과 올무와 여러 가지 어리석고 해로운 욕심에 떨어지나니 곧 사람으로 파멸과 멸망에 빠지게 하는 것이라 10 돈을 사랑함이 일만 악의 뿌리가 되나니 이것을 탐내는 자들은 미혹을 받아 믿음에서 떠나 많은 근심으로써 자기를 찔렀도다 _____ **딤전 6:7-10**

하나님을 사랑하는 것이 일만 선의 뿌리가 되는 반면에 돈을 사랑하는 것은 일만 악의 뿌리가 됩니다. 돈이 악의 뿌리가 아닙니다. 돈을 섬기는 것이 문제이고 돈을 우상으로 떠받드는 것이 파멸과 멸망의 길입니다. 예수님은 결코 하나님과 돈을 함께 섬길 수 없다고 말씀하십니다. 사실 하나님을 사랑하는 것이 돈을 이기는 유일한 길입니다. 하나님을 더 사랑하지 않으면 돈을 더 사랑하게 되고 그러면 더 부자가 되고 싶고 조금 더 가지고 싶고 결국 이웃의 요구를 외면하게 되고, 이웃의 필요에 눈을 감게 됩니다.

　　그럼 정말로 아무 생각 없이 달라는 대로 다 주면 됩니까? 사기꾼이 속임수로 달라는 대로 주면 됩니까? 마약중독자나 도박중독자가 돈을 꾸어 달라는 대로 꾸어 주면 됩니까? 사람들의 기본적인 필요를 외면하지 말라는 것이지, 인간의 탐욕을 채워 주고 죄악을 도와주라는 말이 아닙니다. 제가 처음 예수 믿고 교회에서 도와달라는 사람들한테 여러 차례 속았습니다. 일대일 제자양육 해달라고 찾아온 형제에게도 속았고 카드 빚 돌려 막던 자매에게도 속았습니다. 분별 없이 도왔지만 그 도움이 그 사람들에게 도리어 해가 되었을 뿐입니다.

도움을 거절하지 말라는 말씀은 오늘날 우리 시대의 노블레스 오블리주에 관한 말씀이기도 합니다. 12대 만석꾼을 배출한 조선시대 경주 최부자 얘기는 당시 그의 노블레스 오블리주가 서양인들의 기준보다 한 수 위라는 것을 보여 줍니다. 최언경은 1743년생으로 만석 이상은 사회에 환원했고, 나그네를 후대했으며, 사방 100리 안에 굶어 죽는 사람이 없도록 했고, 흉년에는 땅을 늘리지 않았습니다. 시집온 며느리들은 3년간 무명옷만 입도록 했고, 자녀들이 진사 이상 벼슬을 못하도록 했습니다. 자손 9대가 그래서 진사까지만 했습니다. 진사는 오늘로 치면 사무관이나 이사관 정도로 차관급에도 미치지 못합니다. 자녀들이 부와 권력을 함께 탐하지 않도록 한 것입니다. 할 수 있는데 하지 않는 것이 한층 격이 높은 삶 아닙니까?

정의 : 너희도 온전하라

원수, 어떻게 대할 것인가

예수님은 불의한 세상에서 보복하지 않는 것과 함께 원수라는 이웃을 어떻게 대해야 하는지도 말씀해 주십니다. 사실 보복의 악순환은 반드시 원수를 만듭니다. 앞에서 보복하지 말라는 말씀은 결국 원수를 만들지 않는 것과 일맥상통합니다. '눈에는 눈, 이에는 이'로 갚아도 무방한데 권리를 포기하고, 속옷만 주면 되는데 겉옷까지 주어 버리고, 오 리만 가도 되는데 십 리를 동행한다면 어떻게 원수가 생기겠습니까? 그러나 그렇게 살아도 원수가 생깁니다. 그렇게 사는데도 나를 미워하는 사람이 있습니다. 아니 그렇게 사는 것이 더 밉다고 하는 사람도 있습니다. 그러면 어떻게 해야 합니까?

> 43 또 네 이웃을 사랑하고 네 원수를 미워하라 하였다는 것을 너희가 들었으나 44 나는 너희에게 이르노니 너희 원수를 사랑하며 너희를 박해하는 자를 위하여 기도하라 _____ 마 5:43-44

예수님의 이 말씀은 구약과 다른 말씀이 아닙니다. 제사장과 율법학자들이 말씀과 다르게 가르친 것이지 하나님이 원수를 미워하라고 하신 것이 아닙니다. 율법사들과 바리새인들은 이웃과 원수를 구분했습니다. 유대인 이웃과 이방인 원수들

로 양분한 것입니다. 레위기는 형제를 미워하지 말고 원수를 갚
지 말라고 분명히 말하고 있습니다.

> **17** 너는 네 형제를 마음으로 미워하지 말며 네 이웃을 반드시 견
> 책하라 그러면 네가 그에 대하여 죄를 담당하지 아니하리라 **18** 원
> 수를 갚지 말며 동포를 원망하지 말며 네 이웃 사랑하기를 네 자
> 신과 같이 사랑하라 나는 여호와이니라 ____ **레 19:17-18**

　원수 사랑이야말로 예수님의 이 첫 설교의 하이라이트
입니다. 원수를 어떻게 사랑할 수 있습니까? 원수를 용서하는
것도 심장이 떨리고 식은땀이 나는데 어떻게 원수를 사랑하라
고 하십니까? 원수는 나를 박해하는 사람들이고 내 생명을 위
협하는 사람들이고 내 가족을 앗아 간 사람들이고 내게 회복할
수 없는 손해를 끼친 사람인데 그들을 어떻게 사랑할 수 있습
니까? 예수님은 원수 사랑의 첫출발이 기도임을 가르쳐 주십니
다. 그들을 위해 무슨 일을 하라는 것이 아니라 먼저 기도하라
고 말씀하십니다(44절).

　기도하는 자리에서는 먼저 정직하게 기도하는 것이 좋습
니다. 원수를 욕해도 좋고 내 마음에 남아 있는 분노를 쏟아놓
아도 좋습니다. 점잖게 기도하지 않아도 됩니다. 골방인데 어떻
습니까? 한숨을 쉬면 어떻고 눈물을 쏟아놓으면 어떻습니까?

113

심지어 원수 같은 그 사람을 욕하면 어떻습니까? 그렇게 기도하면 어떤 일이 생길까요? 신기합니다. 그렇게 기도하다 보면 반드시 내 마음이 바뀌거나 그가 바뀝니다. 어느 날 내 안에 분노가 사라진 것을 발견하게 됩니다. 그 사람이 언제부터인가 불쌍합니다. 안됐습니다. 욕하면서 기도하다가 그 영혼이 불쌍해서 울면서 기도하고 있는 나를 발견하게 됩니다. 어느 날 나를 그토록 힘들게 하던 사람이 불쑥 내게 사과를 하기도 하고 먼저 말을 걸어 오거나 심지어 식사를 청하기도 합니다. 이 같은 일을 반드시 경험해야 합니다. 그래야 하나님의 자녀가 됩니다. 그래야 진짜 그리스도인이 되는 겁니다.

> 45 이같이 한즉 하늘에 계신 너희 아버지의 아들이 되리니 이는 하나님이 그 해를 악인과 선인에게 비추시며 비를 의로운 자와 불의한 자에게 내려 주심이라 46 너희가 너희를 사랑하는 자를 사랑하면 무슨 상이 있으리요 세리도 이같이 아니하느냐 47 또 너희가 너희 형제에게만 문안하면 남보다 더하는 것이 무엇이냐 이방인들도 이같이 아니하느냐 _____ 마 5:45-47

예수님은 하나님 나라의 백성, 하나님의 자녀로 사는 방식이 어떻게 다르며 어떻게 달라야 하는지를 말씀하십니다. 예수님이 이렇게 가르치시기만 하고 그렇게 사시지 않았다면 아무 일도 일어나지 않았을 것입니다. 참 좋은 얘기다, 그런 평가를 받고 끝났을 것입니다. 그러나 예수님은 나는 이렇게 말한다고 하시고 그렇게 사셨습니다. 예수님을 따랐던 스데반도 그렇게 살고 죽었습니다. 돌에 맞아 죽어 가면서 하나님께 올려 드린 스데반의 기도는 십자가에서 드린 예수님의 기도와 같습니다. 예수님을 만난 바울도 그렇게 살고 죽었습니다. 복음은 그렇게 살았더니 승리했더라 하는 기록을 수없이 남겼습니다.

한국의 손양원 목사님도 그렇게 살고 그렇게 죽었습니다. 1948년 10월 21일 여순반란 사건 때, 손 목사님의 두 아들인 동인, 동신이 공산당을 따르지 않았다가 안재선이라는 반란군에게 잡혀 고문을 받고 총살을 당했습니다. 계엄사령부가 반란을 진압하자 안재선은 체포되었고 총살당할 위기에 놓였습니다. 이때 손양원 목사님은 이 청년을 위한 구명운동을 벌였고 석방된 그를 양아들로 삼아 손재선이라는 이름으로 입적시켰습니다. 손 목사님은 1950년 9월 자신이 돌보던 나환자들을 두고 혼자 피난 갈 수 없어서 그들과 함께 있다가 공산당원에 체포되어 9월 28일 여수 근처 미평과수원에서 총살형을 당했습니다.

정의 : 너희도 온전하라

원수는 없다

손과 발에 못을 박는 로마 군인은 예수님께 원수입니까, 이웃입니까? 돌로 쳐 죽이겠다고 손에 돌을 들고 던지는 사람들은 스데반에게 원수입니까, 이웃입니까? 두 아들을 살해한 공산당원은 손양원 목사님에게 원수입니까, 이웃입니까? 나를 힘들게 하는 성도가 목사에게 원수입니까, 이웃입니까? 예수님은 원수를 바라보는 우리의 눈을 새롭게 뜨게 하십니다.

예수님은 하나님 나라의 백성에게 원수란 없다는 것을 알려 주십니다. 그러면 우리가 원수로 여긴 사람들은 누굽니까? 악에 붙들린 자들입니다. 사탄의 종이 된 자들입니다. 악에 붙들려 악의 도구가 된 자들입니다. 예수님은 그들을 악에서 풀어 주기 위해 오셨고 풀어 주기 위해 죽으셨습니다. 바울이 그걸 깨닫습니다.

우리가 아직 죄인 되었을 때에 그리스도께서 우리를 위하여 죽으심으로 하나님께서 우리에 대한 자기의 사랑을 확증하셨느니라
_____롬 5:8

하나님이 세상을 이처럼 사랑하사 그 아들을 내어 주신 자리가 십자가입니다. 예수님이 우리를 끝까지 사랑하신 그 사

랑을 확증하신 자리가 십자가입니다. 우리가 예수님의 제자라는 것을 확증하는 자리도 십자가입니다. 십자가는 그래서 하나님의 지혜이고 하나님의 온전하심입니다. 예수님은 그 온전하심을 우리에게 요구하십니다.

> 그러므로 하늘에 계신 너희 아버지의 온전하심과 같이 너희도 온전하라 ____ 마 5:48

온전하라는 것은 사실 거룩하라는 것입니다. 나 여호와가 거룩하니 너희도 거룩하라는 것과 같은 말씀입니다. '거룩하라'의 예수님 버전이 '온전하라'입니다. 온전함이 어떤 것인지 예를 들어 다 말씀해 주셨습니다. 결국 온전함이란 세상 기준을 넘어서는 진정한 어른스러움입니다. 성장만을 추구하는 세상에서 크리스천은 성숙을 추구합니다. 권리를 주장할 수 있지만 권리를 주장하지 않는 삶이 성숙입니다. 대접 받을 수 있지만 대접 받기를 즐겨 하지 않는 것이 어른스러움입니다. 다투면 이길 수 있는데 다투지 않는 것이 진짜 이기는 것입니다.

"세상 사람들이 쇠망치를 들고 때릴 때 그리스도인들은 그 철받침이 되어야 합니다."

스펄전(Charles Spurgeon) 목사님이 한 말입니다. 다들 쇠망치를 들고 살아갑니다. 쇠망치도 불안해서 그보다 더 강력한 무

117

기를 찾아 헤맵니다. 이런 세상에서 망치를 내려놓고 살라는 겁니다. 무장해제하라는 겁니다. 망치를 내려놓을 뿐만 아니라 내려칠 때 단번에 부서지는 것을 도울 철받침이 되라고 합니다. 내가 원수로 여기는 사람이 성공할 수 있도록 도와주라는 얘기입니다. 나를 밟고 갈 수 있도록 스스로 레드카펫이 되라는 말입니다.

가능합니까? 오직 한 가지 방법이 있습니다. 내가 죽으면 가능합니다. 권리 포기는 내가 죽어야 되는 일입니다. 내가 살아 있어서는 날마다 괴로운 선택이고 후회되는 결정입니다. 그래서 예수님은 죽고 나서 나를 따르라고 말씀하십니다.

> 누구든지 나를 따라오려거든 자기를 부인하고 자기 십자가를 지고 나를 따를 것이니라 ＿＿＿마 16:24

내가 죽으면 나와 내 모든 소유에 대해 죽는 동시에 하나님과 하나님의 모든 것에 대해 살아나게 됩니다.

> 내가 그리스도와 함께 십자가에 못 박혔나니 그런즉 이제는 내가 사는 것이 아니요 오직 내 안에 그리스도께서 사시는 것이라…
> ＿＿＿갈 2:20

사도 바울은 '이제는 내가 산 것이 아니요 내 안에 그리스도께서 사신 것이다'고 말했습니다. 보복도 원수도 내가 죽으면 다 사라집니다. 내 안에 그리스도가 사시면 다 사라집니다.

6

위선

제발 티 내지 마라   **마 6:1-8, 16-18**

하나님 나라 백성의 믿음과 삶은 분리될 수 없습니다. 신앙생활은 믿음의 걸음과 삶의 현실을 어떻게 하면 하나로 연합할 것인가, 어떻게 하면 믿는 바대로 살 수 있을 것인가 하는 것입니다. 그런 까닭에 그리스도인으로 산다는 것은 힘에 겨운 일입니다. 절대 만만한 일이 아닙니다. 예수님은 믿음과 삶의 일치를 보여 주셨고 제자들도 그 일치를 따르도록 요구하십니다. 믿음은 내 안의 사건입니다. 현실의 삶은 내 밖의 사건입니다.

믿음과 현실 이 두 가지는 반드시 일치하지 않습니다. 이 두 가지가 일치하지 않을 때 우리는 위선이라고 부릅니다. 위선은 내 안과 밖이 일치하지 않는 모습입니다. 위선의 본래 뜻은 가면입니다. 가면이란 하나의 얼굴 위에 다른 얼굴을 포개 놓은 것입니다. 원래 연극배우들이 쓰는 마스크 같은 것이지요. 요즘 배우들은 가면을 쓰지 않지만 가면에 가까운 분장을 합니다. 거의 마술 수준입니다. 완전히 다른 얼굴을 만들어 냅니다.

위선 : 제발 티 내지 마라

예수님은 당시 종교인들이 쓰고 있는 이 가면을 벗기십니다. 진정성이 없는 그들의 모습을 발가벗기심으로 우리가 추구해야 할 진실을 알려 주십니다.

하나님이 상급을 주는 원리

종교인들이 가면을 쓰는 때는 대체 언제일까요? 예수님은 우리가 하는 대표적인 종교 행위 세 가지를 열거하십니다. 구제, 기도, 금식입니다. 구제는 나와 이웃 간의 관계에서 일어나는 일입니다. 기도는 나와 하나님의 관계에서 벌어지는 일이고, 금식은 나와 나의 관계에서 시작된 것입니다. 이 세 가지는 단순한 행위가 아닙니다. 내가 관계 맺는 방식입니다. 일반적으로 사람들이 다른 사람과 관계 맺는 것과는 전혀 다른 방식입니다. 하나님과의 관계가 출발점이기 때문입니다. 나와 나, 나와 이웃 간의 관계조차 나와 하나님 사이에 맺은 관계의 연장입니다. 예수님은 당시 이 대표적인 세 가지 종교 행위가 원가지에서 너무 빗나가 있다는 것을 말씀해 주십니다. 이미 율법을 지키는 목적과 행위도 병들었지만 종교 생활 전체가 중병을 앓고 있다는 것을 알려 주십니다.

사람에게 보이려고 그들 앞에서 너희 의를 행하지 않도록 주의하
라 그리하지 아니하면 하늘에 계신 너희 아버지께 상을 받지 못하
느니라 ＿＿＿ 마 6:1

신앙의 출발점은 하나님입니다. 신앙의 주도권도 하나님
이 쥐고 계십니다. 내가 잘나서, 대단한 신심이 있어서 신앙의
사람이 된 게 아닙니다. 하나님이 시작하셨고 그 끝도 하나님이
하실 것입니다. 그리고 그 모든 과정까지도 하나님으로 채워져
야 합니다. 그렇지 않다면 신앙인으로 사는 것은 헛수고하는 것
이며 시간을 헛되이 낭비하는 것입니다. 신앙은 내가 하나님을
달래거나 강요하는 일이 아닙니다. 또한 하나님을 통해서 내가
다른 사람을 회유하거나 억압하는 일도 아닙니다.

죄인이란 사람을 목적이 아니라 수단으로 삼는 사람입니
다. 죄인은 하나님도 목적이 아니라 수단으로 삼습니다. 죄인은
손에 잡히는 것이면 그게 사람이건 무엇이건 수단으로 삼을 뿐
입니다. 그의 목적은 사람들을 내 뜻대로 끌고 가는 것입니다.
그 목적을 위해 하나님과 사람을 수단으로 삼습니다.

그럼에도 불구하고 그는 사람들의 마음을 사로잡기 위해
애씁니다. 왜 사람에게 잘 보이려고 애씁니까? 감춰진 목적이
무엇입니까? 내가 그를 통제하고자 하는 의지입니다. 하나님은
그 감춰진 목적을 이루는 데 필요한 존재입니다. 하나님은 그

의도를 아십니다. 하나님을 동원해서 내 뜻을 이루려고 하는 그 목적을 잘 아십니다. 그래서 하나님 나라의 백성은 세상의 백성들과 달라야 한다고 말씀하십니다. 신앙은 사람에게 보이려고 하는 것이 아니라는 것입니다. 하나님과의 관계에서 비롯되는 의로움을 사람 앞에서 드러내려고 하지 말라고 하십니다. 만약 사람으로부터 그 의로움의 상을 받았다면 하나님은 굳이 또다시 상을 주지 않겠다고 하십니다.

상은 우리가 무슨 일 끝에 받는 삯이나 임금입니다. 월급이지요. 월급 두 번 주지 않는 것같이 사람한테 받았으면 하나님이 또 주실 필요가 어디 있느냐는 것입니다. 또 상은 영수증과도 같습니다. 사람한테 보이려 한 일에 대해 사람들이 보았다는 영수증을 발행했다면 그것으로 족합니다. 또다시 영수증을 줄 이유가 없는 것입니다. 하나님은 그만큼 정확하십니다. 네가 사람을 의식하면 사람한테 받을 것이고, 네가 나를 의식하면 나한테 받을 것이라고 말씀하십니다. 그렇다면 우리는 날마다 자신에게 물어야 합니다. 내가 사람한테 상을 이미 받았나 받지 않았나 물어야 합니다. 하나님이 내가 사람에게 상을 받았으면 더 주실 상이 없다고 하시기 때문입니다. 예수님은 우리가 이미 상을 받은 종교 행위 하나하나를 구체적으로 설명하십니다.

구제, 어떻게 할 것인가

그러므로 구제할 때에 외식하는 자가 사람에게서 영광을 받으려
고 회당과 거리에서 하는 것같이 너희 앞에 나팔을 불지 말라 진
실로 너희에게 이르노니 그들은 자기 상을 이미 받았느니라 _____

마 6:2

첫째, 구제입니다. 구제는 어떤 종교건 중요한 덕목입니
다. 종교가 없는 이들에게도 이 자선과 자비는 아름다운 선행으
로 칭송 받습니다. 예수님은 이 구제 행위를 외식하는 자, 사람
을 더 의식하는 자가 어떻게 하고 있는지를 보여 주십니다. 당
시 흔히 회당과 거리에서 볼 수 있는 광경입니다. 회당은 사람들
이 많이 모이는 곳이고, 거리는 사람들이 많이 다니는 곳입니다.
당시 부자들은 사람이 많은 곳에서 나팔을 불어 더 많은 사람을
모았습니다. 그리고 구제를 통해 선심을 베풀었습니다. 많은 사
람들이 보고 칭송했습니다.

예수님은 이 구제 행위에서 두 가지 문제점을 지적하십
니다. 첫째는 이 행위가 비록 구제하는 행위, 남을 돕는 행동이
지만 위선자들의 전형이라는 것입니다. 둘째, 이 행위의 목적은
사람에게 영광을 받으려는 데 있다는 것입니다. 이와 같은 구제
는 사람이 알아주는 것이 목적이기 때문에 사람이 아는 것으로

위선 : 제발 티 내지 마라

충분하다고 말씀하십니다. 그러면 대체 구제 행위, 남을 돕는 행위는 어떻게 하라는 것입니까? 남을 도울 때 어떻게 도와야 하나님 마음에 드신다는 것입니까?

> 3 너는 구제할 때에 오른손이 하는 것을 왼손이 모르게 하여 4 네 구제함을 은밀하게 하라 은밀한 중에 보시는 너의 아버지께서 갚으시리라 ___ 마 6:3-4

남을 도울 때 오른손이 하는 것을 왼손이 모르게 하라, 이게 가능합니까? 나 자신도 모르게 하라는 말인데 이게 됩니까? 이 말은 당시 유대인들이 쓰던 격언과 같은 말인데 깊은 뜻은 내가 돕고 있다는 의식조차 없어야 한다는 것입니다. 내가 돕고 있지 않는 것처럼 그 행동을 은밀하게 하라는 것입니다. 은밀하게 해야 은밀하게 보시는 하나님 아버지께서 그걸 인정하신다는 것입니다. 돕는다는 소문을 내지 말고 조심스럽게 비밀리에 도와야 하늘에서 통용될 수 있는 상급이 된다는 것입니다.

그런데 사람이 알고 있다고 다 상을 줍니까? 남을 도울 때 도움을 받는 사람도 알고, 도움 주는 것을 곁에서 지켜보는 사람도 알면 돕는 사람들이 받는 상을 다 인정하느냐는 것입니다. 이게 말처럼 그렇지 않습니다. 도움을 받는 사람도 그것을 지켜본 사람도 도움을 준 사람에게 크레딧이나 마일리지를 잘

쳐주지 않습니다. 도움을 베풀었다가 오히려 어려움에 처하는 일도 있습니다. 물에 빠진 사람 건져 주었더니 보따리 내놓으라는 사람이 있지 않습니까? 도울수록 더 큰 도움의 요청에 난감해지는 경우가 있습니다. 왜 이것밖에 도와주지 않느냐고 계속 떼를 쓰는 사람도 있습니다. 구제 사실이 알려져서 상을 받기는 커녕 오해를 받는 일도 있습니다.

예전에 한 CEO가 회삿돈으로 모교 재단에 큰돈을 기부했습니다. 이 사실이 알려지면서 회사 안팎에서 거센 비판이 일었습니다. 왜 회삿돈을 마음대로 유용했느냐는 비판입니다. 기부하려면 개인 돈으로 하지 왜 재정이 넉넉하지도 않은 회삿돈으로 하느냐는 것입니다. 요즘 도움의 문제는 이처럼 간단하지 않습니다. 형제나 자매 사이는 어떻습니까? 돕고도 그 관계가 어려워지는 일이 많지 않습니까? 어떤 분은 평생 형제자매를 도왔는데 결국은 관계가 더 나빠졌다고 탄식했습니다.

그렇다면 왜 이런 일이 일어납니까? 구제 행위 가운데 내 의가 섞여 있기 때문입니다. 앞서 예수님 말씀대로 내가 의롭다는 자의식이 돕는 손길에 묻어 있어서 그렇습니다. 나는 지금 의로운 일을 하고 있다는 것, 심지어 나는 지금 대등한 위치에서가 아니라 조금 높은 위치에서 너를 돕고 있다는 미묘한 태도가 깔려 있기 때문입니다. 해마다 연말이면 흔히 보는 모습 아닙니까? 구호품을 쌓아놓고 고아원 같은 곳에서 사진 찍는

위선 : 제발 티 내지 마라

모습을 보면 기분이 어떻습니까? 감사가 있습니까? 회당이나 거리에서 나팔 불고 구제품 나눠 준 것과 같지 않습니까?

예수님은 제발 오른손이 한 일을 왼손이 모르게 하라고 주문하십니다. 그렇게 해야 할 이유가 있습니다. 먼저 우리가 하나님을 알게 되면 내 것이 없다는 것을 고백하게 됩니다. 어느 것 하나 하나님이 주시지 않은 것이 없습니다. 모든 것이 주님께로부터 왔다고 고백하게 됩니다. 그러니 고백대로라면 내 것 가지고 남을 도운 것이 아닙니다. 하나님의 것으로 도운 것입니다. 그러니 구제를 위한 물질이 나를 거쳐 갔을 뿐 내가 내세울 것은 아닙니다. 하나님의 것이 나를 거쳐 갈 때 내가 묻으면 오염이 되고 맙니다. 내가 묻으면 이미 상한 것입니다. 내 의와 내 자랑, 내 우월감이 묻어 있으면 그건 이미 상한 겁니다. 상한 음식 대접 받으면 기분이 어떻습니까?

예전에는 거지들이 많았습니다. 1950~1960년대에는 집집마다 밥 얻으러 다니는 거지들이 꽤 됐습니다. 피차 먹을 것이 귀하던 시절이라 어린 거지들이 와서 밥 한 숟갈 달라는 애절한 눈빛을 보이면 거절하기가 힘들었습니다. 외할머니가 어머니에게 늘 하시던 말씀이 있습니다. "네가 먹기 싫은 것 주지 마라, 절대로 상한 음식 주지 마라." 상한 음식은 자칫 목숨을 빼앗습니다. 독성이 든 음식은 생명을 앗아 갈 수 있습니다. 상한 음식 주는 것이 해가 되듯, 상한 도움 주는 것도 해가 됩니다. '은밀하게 도우라, 나를 드러내지 말고 도우라, 도울 때 나는 빠져라'라고 말씀하시는 까닭은 이 때문입니다.

물질과 돈으로만 도울 수 있는 게 아닙니다. 시간과 재능 기부도 구제의 범주에 들어갑니다. 원리는 다 마찬가지입니다. 나팔 불지 말라는 것입니다. 은밀하게 해야 은밀한 곳에서 보시는 하나님이 카운트하십니다. 사람이 카운트하면 하나님은 이중으로 세지 않고 이중계산서도 발급하시지 않습니다. 우리는 이 땅에서 사람들에게 인정받고 후에는 하나님께 더 많은 것을 받고자 하나, 예수님은 둘 중 하나만 선택하라고 못 박으십니다.

구제에 대한 여러 가지 생각들

한 가지 유의할 점이 있습니다. 오른손이 한 일을 왼손이 모르게 하느라 너무 조심하는 것입니다. 그러다 도울 때를 놓치고 도움을 주저하게 되는 경우가 생길 수 있습니다. 이것도 아니지요. 실제로 이런 일로 고민하는 분들이 있습니다. 이 경우도 어쩌면 사람들을 지나치게 의식한 때문일 수도 있습니다.

연말이면 어김없이 구세군 냄비가 등장합니다. 지나가다 마음이 움직이면 할 수 있는 것이지요. 그런데 사람들 다 보는 데 어떻게 할 수 있느냐고 고민하다 그냥 지나치는 사람도 있습

위선 : 제발 티 내지 마라

니다. 또 얼마를 넣어야 하나 고민하다 지나치는 사람도 있습니다. 이때 은밀하게 하는 법은 내가 나를 의식하지 않고 하는 것입니다.

그러므로 우리가 구제하거나 남을 도울 때 지녀야 할 마음가짐을 기억하는 것으로 족합니다. 내 안의 동기를 점검하는 것입니다. 우리가 사랑으로 돕지 않으면 그 모든 구제가 헛것입니다. 바울의 말처럼 '내 가진 것 전부를 드리고 심지어 내 몸을 내어 주더라도 사랑이 없으면 내게 아무 유익이 없다'는 것입니다. 얼마나 중요한 말씀인지 모릅니다. 사랑은 도울 때 나를 드러내고자 하는 독성을 제거합니다. 사랑 없이 도운 것은 자칫 그 사람에게 해가 될 수 있지만 진정한 사랑으로 도운 것은 나도 그도 살리는 능력이 됩니다.

구제에도 역설이 있습니다. 돕지 않는 것이 도움이 되는 상황이 있습니다. 도움에 대한 생각이 서로 다를 수도 있습니다. 자녀를 돕는 아버지 어머니의 방식이 다를 수 있습니다. 아이가 넘어질 때 어머니는 즉시 일으켜 세워서 옷에 묻은 흙을 털어 준다면, 아버지는 제 발로 일어날 때까지 기다리면서 왜 조심하지 않느냐고 야단칠 수 있습니다. 둘 다 사랑이고 둘 다 도움입니다. 어느 것이 정답이라고 말할 수 없습니다. 서로 비난할 일이 아닙니다. 적은 돈으로 꾸준히 돕는 것도 있고, 모아서 큰돈으로 한 번 돕는 것도 서로 다른 도움의 방법입니다. 상황이 다르고 경우가 다릅니다. 평소에 기부천사처럼 돕고 사는 것도 체질이고, 평생 구두쇠로 살다 죽기 전에 일생 동안 모은 재산을 사회에 환원하는 것도 성격입니다. 그러니 우리가 조심해야 할 것은 사람의 속마음을 다 들여다볼 수 없는 한 누군가의 구제를 놓고 평가할 일이 아니라는 것입니다.

한 가지만 더 생각해 봅시다. 평생 돈 모은다고 수많은 사람들 눈에 눈물 흘리게 하고 죽을 때 그 재산 다 기부하는 것이 낫습니까? 아니면 평소에 돈 때문에 사람 가슴에 못 박지 않고 사는 것이 낫습니까? 한 가지 더 있습니다. 해서는 안 될 사업을 해서 교회에 큰돈 헌금하는 것이 낫습니까? 교회 헌금 못해도 나를 위해 수고한 사람에게 팁을 조금 더 주는 것이 낫습니까? 어느 쪽이 정답이라기보다 이 또한 내가 누구를 더 의식하고 있느냐가 문제가 됩니다. 그러나 분명한 것은 돕는 것도 훈련이 필요하다는 것이고 작은 것부터 포기해야 큰 것도 포기할 수 있다는 것입니다.

어쨌건 구제가 사람들이 평가할 일이 아닌 것을 안다면 사람들에게 티를 낼 필요가 없습니다. 무슨 대회건 심사위원이 중요합니다. 심사하지 않는 사람들 앞에서 나를 드러낼 필요가 없지요. 미인대회 참가자는 심사위원들 앞에서는 이런저런 옷차림과 자태로 자신을 드러내지만 길거리에 나가서는 그럴 필요가 없습니다. 그래서 구제에 관한 말씀을 한마디로 압축하면

위선 : 제발 티 내지 마라

사람들 앞에서 '제발 티 내지 말라'입니다.

기도, 어떻게 할 것인가

대표적인 종교적 위선 두 번째는 기도입니다.

또 너희는 기도할 때에 외식하는 자와 같이 하지 말라 그들은 사람에게 보이려고 회당과 큰 거리 어귀에 서서 기도하기를 좋아하느니라 내가 진실로 너희에게 이르노니 그들은 자기 상을 이미 받았느니라 _____ 마 6:5

구제에 관한 말씀과 맥이 같습니다. 사람에게 보이려고 하지 마라, 그러면 이미 상을 받았다는 말씀입니다. 기도는 모든 종교의 보편적인 행동입니다. 그런데 이 기도조차 종교적 위선이 될 수 있습니다. 먼저 위선적인 기도자의 모습을 설명하십니다. 역시 사람이 많은 곳에서 기도하기를 좋아합니다. 내 기도하는 모습을 사람들이 보고 있는 것을 좋아합니다. 사람들이 보라고 하는 것은 연기이고 공연입니다. 기도는 보이지 않는 하나님께 하는 것입니다. 기도는 일방적인 넋두리가 아니라 아버지와 자녀 간의 대화입니다. 둘만의 은밀한 대화입니다. 그걸 모든 사람이 들으라고 시내 한복판에서 할 수 있겠느냐는 것입니다. 예수님은 이렇게 기도하라고 하십니다.

> 너는 기도할 때에 네 골방에 들어가 문을 닫고 은밀한 중에 계신 네 아버지께 기도하라 은밀한 중에 보시는 네 아버지께서 갚으시리라 ___ 마 6:6

골방에 들어가서 기도하라고 하십니다. 골방의 원뜻은 창고나 내실, 밀실을 말합니다. 그러니 이 장소 또한 은밀한 곳입니다. 기도는 은밀한 곳에서 은밀하게 계신 아버지께 하는 것이고 그러면 은밀하게 들으시고 은밀하게 갚으신다는 것입니다. 계속 반복되는 단어는 '은밀'입니다. 신앙은 은밀한 중에 계시는 하나님과의 관계입니다. 신앙이 비밀은 아니지만 비밀스러운 것입니다. 기도는 그래서 하나님과의 비밀한 관계가 주는 기쁨입니다. 이 기쁨을 나누기 위해 골방으로 가라는 것입니다. 골방에 들어갈 때는 문을 닫으라고 하십니다. 골방에 있다는 것조차 알리려고 하지 말라는 것입니다.

기도원을 즐겨 찾는 분들이 있습니다. 좋은 습관입니다. 그러나 골방에 들어가 있는 것을 알리지 말아야 하듯이 기도원 다니는 것을 자랑거리로 삼아서는 안 됩니다. 기도원도 골방이 되지 않을 수 있고, 화장실도 골방이 될 수 있기 때문입니다. 한

위선 : 제발 티 내지 마라

연예인이 데뷔 시절에 너무 힘들고 어려울 때면 화장실에 들어가서 울며 기도했다고 합니다. 교회 가야 기도가 되고, 기도원가야 더 깊은 기도가 되고, 예수전도단(Ywam)이나 아이합(Ihop)에 가야 꼭 하나님의 음성을 듣는 것이 아닙니다. 이곳이건 그곳이건 하나님은 하나님을 갈망하는 전심을 보고 계십니다. 하나님은 하나님을 전심으로 찾는 자들을 내 백성이라고 하셨고, 전심으로 하나님을 부르는 자들에게 응답할 것이다, 약속해 주셨습니다.

> 내가 여호와인 줄 아는 마음을 그들에게 주어서 그들이 전심으로 내게 돌아오게 하리니 그들은 내 백성이 되겠고 나는 그들의 하나님이 되리라 ____**렘 24:7**

기도는 돌아온 자들의 고백입니다. 하나님을 아는 자의 일상입니다. 하나님을 알면 기도하게 됩니다. 전심으로 알면 전심으로 기도하게 됩니다. 기도는 하나님께 전심을 쏟아놓는 것이 먼저입니다. 장소가 먼저가 아닙니다. 형식이 먼저가 아닙니다. 나를 지켜보는 사람들이 먼저가 아닙니다. 그러니 내가 하나님을 안다는 것을 드러내려고 애쓸 이유가 없습니다. 하나님은 우리 모두의 하나님입니다. 내가 좀 더 친한 것 같아도 하나님은 누구나 사랑하십니다. 깊이와 넓이와 높이를 알 수 없는 사랑이어서 누가 더 사랑 받고 누가 덜 사랑 받는지 따질 수 없습니다. 그러나 어릴 때는 나를 더 사랑하는 것 같습니다. 그래서 내가 하나님 아는 것과 그분의 사랑을 받는 것을 티 내고 싶습니다. 예수님은 지금 기도가 자칫하면 그 티를 내는 수단이 될 수 있다고 알려 주십니다. 유대인들의 기도가 사람들 앞에서 티를 낸 것이라면 또 다른 티는 어떤 것일까요?

또 기도할 때에 이방인과 같이 중언부언하지 말라 그들은 말을 많이 하여야 들으실 줄 생각하느니라 _____ 마 6:7

하나님을 오해해서 기도를 잘못하는 대표적인 사례가 중언부언입니다. 이 중언부언은 원래 말을 더듬는 것을 뜻합니다. 말더듬이처럼 하지 말라는 것이지요. 말더듬이가 같은 소리를 반복하는 습관이 있는 것처럼, 이 중언부언이라는 말은 '똑같은 말을 몇 번이고 반복하다' '무익한 말을 많이 하다' '쓸데없는 말을 되풀이하다'를 뜻합니다. 대개 주문 같은 것들이지요. 기도는 주문이 아닙니다. 유대인처럼 사람들에게 보이려고 기도하는 것도 문제지만 이방인들처럼 말을 많이 하고 말을 반복해야 기도를 들으시는 줄로 생각하는 것도 잘못입니다. 왜 말을 많이 할 필요가 없다는 겁니까?

위선 : 제발 티 내지 마라

그러므로 그들을 본받지 말라 구하기 전에 너희에게 있어야 할 것
을 하나님 너희 아버지께서 아시느니라 ____ **마 6:8**

구하기 전에 하나님이 다 알고 계신다는 것이 그 이유입
니다. 구하지도 않았는데 우리에게 뭐가 필요한지 다 아신다는
것입니다. 놀랍지 않습니까? 그런데 사실 부모는 갓난아기들이
뭐가 필요한지 말을 해서 아는 게 아니라 그냥 압니다. 하나님
아버지도 그렇습니다.

그러면 왜 기도하라고 하십니까? 기도가 하나님을 알아
가는 과정이기 때문입니다. 기도는 부모의 말을 들은 대로 따
라 하는 갓난아기들의 옹알이처럼 시작됩니다. 그래서 예수님
은 하나님을 아빠로 부르는 것으로 기도를 시작하라고 말씀하
십니다. 아빠라고 부르는 것이 기도의 시작입니다. 보통 성도들
은 먼저 신앙생활을 시작한 사람들에게서 기도를 배우려고 하
는데 아닙니다. 아버지한테 배워야 합니다. 아이들은 부모로부
터 끝없이 들은 말을 따라 배웁니다. 그래서 기도하기 전에 말
씀을 읽고 말씀을 들어야 합니다. 말씀을 모른다면 기도는 그냥
내 생각을 쏟아놓는 것이거나 아니면 나 혼자 넋두리하는 것과
다를 바 없습니다.

우리가 기도해야 할 또 다른 이유는 기도가 바로 하나님
을 하나님으로 인정하는 태도이기 때문입니다. 기도가 없다면

대화가 없는 것입니다. 하나님의 음성을 듣지 못하고 하나님께 얘기할 것이 아무것도 없다면 관계는 이미 파탄지경인 셈입니다. 부부간에 하루 종일 한마디도 안 한다면 이미 부부가 아니지요. 큰일은 내가 알아서 하고, 작은 일은 당신이 알아서 하자, 서로의 영역에 대해 얘기하지 말자, 부부관계가 이렇다면 문제가 많은 가정입니다. 친밀한 부부는 어떻습니까? 크고 작은 일을 종일 서로 나눕니다. 부부간에 크고 작은 일이란 없습니다. 하나님과도 마찬가지입니다. 하나님은 큰일 즉 인류 복음화에만 신경 쓰세요, 작은 일은 제가 알아서 하겠습니다, 해서는 하나님과 아무런 관계도 맺을 수 없습니다. 잦은 대화가 친밀감의 척도이듯이 수시로 기도하는 것이야말로 친밀감의 표현입니다.

그런 점에서 대화에 익숙한 여성들이 기도하기 좋은 여건을 가지고 있는 편입니다. 여자들은 친구나 이웃을 만나면 얘기가 그치지 않습니다. 3시간 얘기하고 헤어지면서 말합니다. "자세한 얘기는 전화로 할게." 전화로 한 시간 넘게 통화하고 끊을 때 또 얘기합니다. "자세한 얘기는 내일 다시 만나서 해." 하나님께 이렇게 말씀드리면 얼마나 좋아하실까요? 아침에 기도하고 나서 "자세한 기도는 저녁에 또 드리겠습니다." 또 밤에 기도드리고 나서 "나머지 기도는 내일 아침 눈 뜨는 대로 또 드릴게요." 하나님이 이런 사람에게 응답하시지 않겠습니까?

우리가 기도해야 할 또 한 가지 이유는 기도하면서 마땅히 구해야 할 것을 깨닫기 때문입니다. 기도하면서 비로소 알게 됩니다. 기도하기 전에는 내가 다 옳은 것 같습니다. 기도하기 전에는 내가 원하는 것이 다 필요한 것 같습니다. 기도하기 전에는 하고 싶은 그 일을 다 해야 할 것 같습니다. 그러나 기도하면 내가 해야 할 일이 그렇게 많지 않고 내게 필요한 것이 그렇게 많지 않다는 것을 알게 됩니다. 기도하기 전에는 그 사람에게 할 말이 그렇게 많은데 기도하고 나면 할 말도 그리 많지 않습니다. 세 번 기도해 보면 할 말이 없습니다.

십자가 지는 것도 세 번 기도하고 결정한 일입니다. 땀이 피가 되도록 간절하게 전심으로 기도했는데도 아버지의 분명한 답이 없었습니다. 십자가처럼 중요한 일인데 하나님이 분명하게 말씀해 주시지 않는 겁니다. '사흘만 참아라, 네게 영원한 영광이 있을 것이다.' 그런 응답을 들어야 할 일 아닙니까? 예수님은 세 번 기도한 뒤 아버지의 뜻이 내 뜻을 꺾으라는 것이구나 아셨습니다. 분명한 대답은 없었지만 알 수 있었습니다. 기도하면 아버지 뜻인지 아닌지 분간이 됩니다. 기도하면 포기해야 할 뜻인지 붙들어야 할 뜻인지 분간이 됩니다. 아버지 뜻이 분명해져서 평안합니다. 내 뜻이 꺾여서 더 평안합니다. 어쨌건 이런 절박한 기도가 어떻게 사람들을 의식하면서 진행되겠습니까? 그러니 기도의 원칙도 마찬가집니다. '제발 티 내지 말라'는 것입니다. 어떻게 기도해야 합니까? 주님이 알려 주신 기도문은 다음 장에서 살펴보도록 하겠습니다.

금식, 제발 티 내지 말라

종교인의 대표적인 위선 세 번째는 금식입니다.

> **16** 금식할 때에 너희는 외식하는 자들과 같이 슬픈 기색을 보이지 말라 그들은 금식하는 것을 사람에게 보이려고 얼굴을 흉하게 하느니라 내가 진실로 너희에게 이르노니 그들은 자기 상을 이미 받았느니라 **17** 너는 금식할 때에 머리에 기름을 바르고 얼굴을 씻으라 **18** 이는 금식하는 자로 사람에게 보이지 않고 오직 은밀한 중에 계신 네 아버지께 보이게 하려 함이라 은밀한 중에 보시는 네 아버지께서 갚으시리라 _____ 마 6:16-18

당시 종교적인 유대인들은 금식이 너무나 중요한 일이었습니다. 내 신앙을 누군가에게 입증하는 보편적인 행위가 바로 구제와 기도와 금식이었습니다. 바리새인들은 일주일에 두 번 금식하는 것을 자랑했습니다. 그들은 얼굴에 '나 금식 중'이라는 팻말을 걸고 흉한 얼굴에 슬픈 기색을 보이려고 표정 관리를 했습니다. 분장한 모습이고 가면 쓴 모습입니다. 누구든지 한눈에 금식하고 있다는 것을 알도록 티를 냈습니다. 예수님은 그러면 됐다고 말씀하십니다. 사람들이 알아주었으니 상은 이미 받은 것이라고 하십니다. 그러니 금식했다고 아버지께서 주실 것까지 뭐가 있느냐고 하십니다.

금식하려면 이제부터 이렇게 하라고 일러주십니다. "얼굴을 깨끗이 씻고 머리에는 기름을 발라라, 그래서 사람들이 금식하는 것을 전혀 눈치채지 못하게 하라." 왜 그래야 합니까? 은밀하게 계신 아버지께서 은밀하게 보시고 은밀하게 갚아 주실 것이기 때문입니다. 금식하는 것도 이처럼 남모르게 하고 남에게 제발 티 내지 말라는 것입니다. 위선하는 것도 그럼 티 내지 않으면 됩니까? 하나님을 어떻게 속입니까? 우선 사람에게 티 내지 않는 것부터 시작하는 것이지요.

그러면 이 말씀은 누구부터 들어야 하고 누가 가장 고치기 어렵습니까? 저부터지요. 제가 목사 되고 보니까 생활 반경이 교회가 거의 전부입니다. 아침 예배, 수요 강좌, 주일 예배, 이따금 장례 예배, 결혼 예배, 외부 집회가 제 일정입니다. 거기에 안 믿는 사람이 있습니까? 더러 있지만 많지 않습니다. 그러니 너무나 익숙한 말투가 생기고 익숙한 표정이 생깁니다. 이 익숙한 모습을 세상은 어떻게 보겠습니까? 불편하겠지요. 듣기가 불편하고 심지어 태도가 불편하겠지요. 나는 티 낸다고 전혀 생각하지 않았지만 티가 나도 보통 티 나는 것이 아닙니다. 좋은 것이라면 문제 될 것이 없지만 예수님이 티 내지 말라 말씀하신 까닭은 그렇지 않기 때문입니다.

이들 대표적인 종교 행위가 왜 해로울 수 있다고 말씀하십니까? 하나님으로부터 시작되고 하나님으로 끝나야 할 신앙의 전 과정이 위선으로 심각하게 오염되기 때문입니다. 더구나 종교성을 통해 신앙이 성숙하고 완성될 수 있다고 착각하기 때문입니다. 그래서 예수님이 종교적 행위가 결코 영적인 행위가 아니라고 지적하시는 겁니다. 결국 신앙은 사람에게 보이는 형식이나 틀로 완성되지 않는다는 말씀을 하고 계신 것입니다.

신앙의 출발은 일정한 형식으로 시작될 수 있지만 형식 안에 갇혀서는 결코 하나님께 온전히 이를 수 없습니다. 더구나 그 형식이 사람을 의식한 것이라면 종교의 그 틀과 형식은 오히려 큰 해악이 될 수 있습니다.

예수님의 말씀은 당시 유대 종교인들에게 큰 충격이었을 것입니다. 지금도 충격입니다. 구제든 기도든 금식이든 또는 다른 어떤 것이든 하나님보다 사람이 의식되고, 하나님보다 내가 더 의식되면 일단 멈추어야 합니다. 그리고 다시 하나님께 집중해야 합니다. 하나님이 받지 않으셨는데 나는 드렸다고 믿는, 그래서 스스로 속고 속이는 삶을 하나님은 무척 슬퍼하시기 때문입니다.

위선 : 제발 티 내지 마라

7

기도

바로 살게 하소서   마 6:9-15

신앙은 인생의 가장 뚜렷한 분기점이 됩니다. 신앙이야 말로 인생 전체를 변화시키는 가장 강력한 힘입니다. 왜냐하면 신앙은 나를 추구하는 패러다임을 하나님을 추구하는 패러다임으로 바꿔 놓기 때문이죠. 그보다 더 큰 변화는 없습니다. 우리는 많은 변화를 경험하죠. 이 세상은 끝없이 변화를 추구합니다. 그러나 세상의 변화는 우리 인간을 본질적으로 변화시키지는 못합니다. 세상이 추구하는 변화의 목적은 나를 더 추구하기 위한 것이기 때문입니다. 패션이건 예술이건 학문이건 지식이건 우리는 나를 추구하는 데 이 모든 것을 사용할 뿐입니다.

그러나 진정한 신앙, 바른 신앙은 인간을 뿌리째 변화시킵니다. 내가 누구인지를 비로소 알게 되면서 일어나는 불가피하고 불가역적인 변화입니다. 내가 진정 누구인지를 아는 이 변화를 통해서 인간은 비로소 잘 사는 법을 알게 됩니다. 정말로 잘 사는 것이 무엇인지, 인간이 인간답게 사는 것이 무엇인지를

기도 : 바로 살게 하소서

비로소 알게 됩니다. 이 변화를 경험하기 전까지 모든 인간이 생각하는 잘 사는 길은 남보다 잘사는 것입니다. 의식주를 비롯한 물질적인 부와 번영의 축복을 기준으로 내가 다른 사람보다 더 나은 수준, 더 높은 수준의 삶을 사는 것이 잘 사는 것이라고 여깁니다. 그러니 언제나 조금 더 소유하는 데 관심이 많고 나보다 더 많이 소유한 사람을 보면 그 순간 나의 만족과 기쁨도 사라지고 맙니다.

나 자신이 통째로 변하는 진정한 변화를 경험하는 것은 진정한 신앙, 바른 신앙을 통해서만 가능합니다. 그것이 우리가 신앙을 가지는 목적이고 신앙인으로 살아가는 이유입니다. 하나님을 만나면 다른 사람의 손에 쥐어진 것과 내 손에 쥐어진 것을 비교해서 만족감을 추구하는 모습이 사라집니다. 절대적 기준 앞에 서게 되면 상대적 기준은 무의미하기 때문입니다. 더 이상 인간과 인간의 비교는 덧없는 일입니다. 그러면 이 새로운 기준에서는 어떻게 사는 것이 잘 사는 길입니까? 하나님을 추구하면서 잘 사는 것은 과연 어떻게 사는 것입니까? 예수님의 첫 설교는 이 질문에 대한 답입니다.

기도의 대상이 누구인가

과거엔 사람들이 만나면 "식사하셨습니까?"가 인사였지
만 지금은 "요즘 바쁘시지요?"가 인사가 되었습니다. 목적지도
모른 채 무조건 빨리 가니까, 무조건 잘살기만 바라니까 너도나
도 바빠졌습니다. 더 많이 바쁠수록 중요한 사람이 된 것으로
착각합니다. 비록 속도가 느릴지라도 목적지를 향해 바로 가는
것이 제대로 가는 길입니다. 마찬가지로 하나님의 백성들의 기
도는 '무조건 잘되게'가 아니라 '바르게 되게'가 되어야 합니다.
그런 점에서 유대인들의 남들 보란 듯이 하는 기도도 이방인의
중언부언하는 기도도 '바르게'와 거리가 멉니다.

예수님은 대표적인 종교 행위인 기도에 대해 지금까지와
전혀 다른 기도를 요구하십니다. 잘살게 해달라고 기도하지 말
고 바르게 살게 해달라고 기도하라는 것입니다.

크리스천은 하나님이 원하시는 기도 그리고 나 자신을
송두리째 바꾸어 놓는 기도를 배우지 않으면 기도하면서 더 악
해질 수 있습니다. 기도에 위선이 끼이면 사람이 점점 더 나빠
질 수 있습니다. 그래서 기도하는 사람이 기도 안 하는 사람보
다 더 악할 수가 있고 더 못날 수가 있습니다. 왜 그렇습니까?
하나님이 원하시는 기도가 아니기 때문에 그렇습니다.

기도 : 바로 살게 하소서

그러므로 너희는 이렇게 기도하라 하늘에 계신 우리 아버지여 이
름이 거룩히 여김을 받으시오며 _____ 마 6:9

기도는 어떻게 시작합니까? 기도는 내가 기도하는 대상
이 누군지를 아는 것에서부터 시작됩니다. 가장 먼저 아버지를
부르는 것으로 시작하는 것입니다. 저는 하나님을 모르던 과거
엔 천지신명에게 기도했습니다. 천지신명은 누구입니까? 대상
이 불분명합니다. 나무나 돌이나 쇳조각으로 만든 우상에게 하
는 기도는 그 대상이 제대로 듣는지 불확실합니다. 그래서 오
래 하고 많이 하고 반복해서 주문을 외웁니다. 흔히 '지성이면
감천'이라는 신념으로 하는 겁니다. 기도의 양과 응답의 수준이
비례한다고 생각하는 것입니다. 그러나 기도는 동기가 잘못되
면 정성을 더할수록 문제가 됩니다.

예수님은 우리가 기도하는 대상이 '아버지'라고 가르쳐
주십니다. 정확한 표현은 '아빠'입니다. 아람어 '아바'는 '아빠'
라는 뜻입니다. 헬라어 성경이 '아바'를 '파테르'라고 해석해서
오늘날 '파더' 즉 '아버지'로 해석한 것인데 정확한 표현은 '아
빠'입니다. 예수님은 '아빠'를 먼저 부르고 기도하신 것입니다.

독일의 신학자 예레미아스(Joachim Jeremias)는 "이 아빠라
는 호칭이야말로 예수님이 하신 기도의 독특한 표현이며, 이것
이 예수님 전과 후를 나누는 분기점이 되었다"고 말했습니다.

하나님을 부르는 호칭에서 우리의 정체성이 나타나기 때문에 그렇습니다. 예수님은 하나님을 아빠라고 부르시므로 하나님의 자녀임을 분명하게 드러내신 것입니다.

> 너희는 다시 무서워하는 종의 영을 받지 아니하고 양자의 영을 받았으므로 우리가 아빠 아버지라고 부르짖느니라 _____ **롬 8:15**

하나님의 사람이 되었다는 것은 무슨 의미입니까? 우리는 더 이상 두려워하지 않는 존재가 되었다는 뜻이고, 두려워하지 않는 까닭은 하나님이 아빠 아버지이기 때문입니다.

기도의 본질은 관계 맺기

사도 바울은 '아빠 아버지'라고 표현함으로써 우리의 정체성을 강조하고 있습니다. 갈라디아서에서도 똑같이 반복합니다.

> 너희가 아들이므로 하나님이 그 아들의 영을 우리 마음 가운데 보내사 아빠 아버지라 부르게 하셨느니라 _____ **갈 4:6**

바울은 아빠 곧 아버지, 원어로 '아바 호 파테르'라는 표현을 통해 신앙의 출발, 기도의 뿌리가 아빠와 아들 간의 관계라는 것을 강조하고 있습니다. 아빠와 아들은 어떤 관계입니까? 이 관계는 처음부터 거래 관계가 아닙니다. 아들을 사랑하는 아빠와 아빠를 신뢰하는 아들 사이에서는 거래하지 않습니다. 아빠는 아들의 능력 때문에 아들임을 인정하는 것이 아닙니다. 아들도 마찬가지입니다. 아들은 아빠가 내게 먹을 것을 주는 동안만 아빠라고 부르는 것이 아닙니다. 주고받는 관계가 출발점이 아니기 때문입니다.

아빠와 아들의 관계는 일방적인 관계에서 시작됩니다. 아빠는 아무것도 기대하지 않고 아들을 사랑합니다. 아들은 이 사랑 안에서 아빠를 아빠로 인식합니다. 아빠가 점점 내게 해주는 것이 없어질 때쯤이면 오히려 아빠의 사랑을 더 깊이 깨닫습니다. 이제 아무것도 해줄 수 없는 아빠를 오히려 더 사랑하게 됩니다. 이게 부자관계입니다. 기도는 이런 관계에서 시작됩니다.

건강한 부자관계는 타인의 시선을 의식하지 않습니다. 사람들 앞이라서 더 잘해 주고 사람들이 없다고 해서 냉담하게 굴지 않습니다. 누가 있건 없건 아들은 아빠에게 늘 어린아이와 같은 존재이고, 어린아이와 같은 자신을 부끄러워하지 않습니다. 어린아이가 갑자기 사람들 앞이라고 어른처럼 군다면 그것이 더 이상한 일입니다. 아들은 또 아빠에게 같은 말을 계속해서 되풀이하지 않습니다. 어제고 오늘이고 똑같은 말을 되풀이 한다면 아빠는 아들을 병원에 데려가지 않겠습니까? 왜 똑같은 얘기를 하지 않습니까? 아빠는 아들을 잘 알고, 아들은 아빠를 잘 알기 때문입니다. 서로를 잘 안다는 이 친밀감이야말로 기도의 출발점입니다. 모르는데 무슨 말을 합니까? 잘 모르는데 무슨 부탁을 합니까? 부탁한들 무슨 소용입니까? 낯선 사람에게 부탁하면 그 사람이 내게 되묻지 않습니까? "실례지만 누구시지요?" "나를 아십니까?"

하나님을 아빠라고 부른다는 것은 더없는 친밀감의 표현입니다. 기도는 이 친밀감을 바탕으로 하는 것입니다.

그러나 친밀감이 전부는 아닙니다. 하나님 아빠는 더없이 친밀하지만 경외의 대상입니다. 하늘에 계시기 때문입니다. 내 눈앞에서 형상으로 존재하시는 분이 아니기 때문입니다. 보이는 세계를 뛰어넘는 초월적 존재이기 때문입니다. 그래서 기도합니다. 아니라면 상의하고 의논하는 것으로 족합니다. 초월적인 분이기에 우리는 하나님이 아빠지만 기도로 나아갑니다. 그분이 초월적인 분이기에 그 어떤 것도 기도의 조건이 되지 않는다는 것을 알며 오직 은혜를 구하며 나아가는 것입니다.

앞서 예수님은 너희 아버지께서는 너희가 기도하기 전에 미리 다 아신다고 말씀하셨습니다. 기도하지 않아도 우리의 필요를 다 아시는 하나님입니다. 이것이 기도의 역설적인 출발

149

점입니다. 하나님이 내가 뭘 원하는지도 아시고 내가 뭘 구할지 말하기도 전에 다 아신다면 우리는 왜 기도해야 하며 무엇을 기도해야 합니까?

　기도란 하나님을 알아 가는 과정입니다. 그래서 우리는 기도하기 전에 하나님의 말씀을 읽고 말씀을 듣고 말씀에 따라 기도하기로 결정해야 합니다. 아버지가 우리에게 가르쳐 주신 말로 대화를 시작하는 것이 기도입니다.

하나님 나라가 임하면

하나님을 아빠로 호칭한 뒤 첫 번째로 하는 기도가 뭡니까?

　…이름이 거룩히 여김을 받으시오며 _____ 마 6:9

　아버지의 이름이 거룩히 여김을 받게 해달라는, 쉽게 표현하면 하나님을 하나님으로 대하게 해달라는 말입니다. 하나님을 아빠라고 부를 만큼 친밀하다고 해서 함부로 대하는 것이 아니라 거룩하게 대할 수 있도록 해달라는 것입니다. 모든 인간의 문제는 하나님을 하나님으로 인정하지 않고 내가 하나님 자리에 올라가면서부터 시작됩니다.

나라가 임하시오며 뜻이 하늘에서 이루어진 것같이 땅에서도 이
루어지이다 _____ **마 6:10**

우리가 구해야 할 두 번째는 하나님 나라가 지금 여기 이
자리에 임하도록 해달라는 청원입니다. 하나님 나라는 우리가
살고 있는 이 나라가 아닙니다. 하나님 나라는 세상의 통치자들
이 다스리는 나라가 아닙니다. 하나님 나라는 하나님이 말씀으
로 다스리시는 나라입니다. 하나님 나라가 임하도록 기도하는
것은 이 세상 모든 사람들이 하나님의 다스림을 받아들일 수 있
도록 해달라고 청원하는 것입니다. 하나님의 다스림을 받아들
여서 하나님의 백성들이 되고 하나님 나라가 이 땅에 충만해지
도록 간구하는 것입니다.

하나님 나라를 위해 기도하는 사람들은 먼저 내 나라를
앞세우지 않습니다. 이방인들의 기도는 결국 내 나라를 이 땅에
세워 달라는 요구이지만, 크리스천의 기도는 하나님 나라가 이
세상 속을 뚫고 들어오는 것을 갈망하는 것입니다.

세 번째는 하나님의 뜻이 이 땅에서 이루어지는 것입니
다. 하나님의 뜻은 하늘에서 이루어지고 있습니다. 하나님의 뜻
은 하늘에서는 문제가 없습니다. 그러나 땅에서는 문제가 생겼
습니다. 아담과 하와가 사탄의 유혹에 빠져 제 스스로 하나님
노릇하겠다고 작정하면서 문제가 자꾸 양산되었습니다.

기도 : 바로 살게 하소서

이 모든 문제의 본질은 결핍입니다. 하나님 노릇을 해보려고 마음먹는 순간 발생하는 문제입니다. 땅에서는 하나님의 뜻이 아니라 내 뜻을 이루겠다고 마음먹지만 문제는 그 뜻을 이룰 수 있는 수단과 방법이 제한적이어서 불가피하게 모든 것이 부족한 것입니다. 내가 부족하기 때문에 남의 것으로 채울 수밖에 없습니다. 이 부족의 근원적인 증세가 불안이고, 부족한 것을 채워 달라고 서로에게 기대하고 요구하는 것이 모든 시기와 갈등과 분쟁의 원인입니다.

복음이란 무엇입니까? 예수님이 하나님 나라를 이끌고 이 땅에 오셨다는 것입니다. 예수님이 오심으로 아담 이래 해결되지 않은 이 결핍의 문제, 탐욕의 문제, 각자가 내 나라와 내 뜻을 추구하는 삶의 방식의 문제가 근본적인 해결의 실마리를 찾았다는 것입니다. 하나님 나라가 임하면 가장 먼저 내가 내 자리를 찾음으로써 이후로 모든 것이 제자리를 찾게 됩니다.

내가 내 자리를 찾는 일은 내가 내 힘으로 나를 구원하겠다는 의지를 내려놓는 일입니다. 내가 내 자리를 찾는 일은 내가 누군가를 내 의지대로 바꾸어 놓겠다는 의지를 내려놓는 일입니다. 내가 내 자리를 찾는 일은 모든 관계에서 나만 바뀌면 된다는 것을 인정하는 일입니다. 내가 내 자리를 찾는 일은 다른 사람이 아니라 하나님이 바로 나부터 바꿔 주시도록 요청하는 일입니다. 이때 하나님 나라가 임하게 되고 하나님 나라가 임할 때 비로소 인간과 인간의 관계가 회복되기 시작합니다. 여기까지가 주님이 가르쳐 주신 기도의 전반부입니다.

양식 문제에 대한 올바른 시각

주기도문의 전반부 핵심은 무엇입니까? 하나님 나라입니다. 이 기도에 이어 주님께서 가르쳐 주신 기도의 후반부는 우리 모두의 현실 문제에 아빠가 관여해 달라는 요청입니다. 하나님이 오셔야 문제가 해결됩니다.

세상에 모든 종교인이 구하는 기도의 핵심은 '잘 사는 것'입니다. 그런데 문제는 어떻게 사는 게 잘 사는 것인지도 모른 채 무조건 잘 살게 해달라는 것입니다. 그러나 하나님을 만난다는 것, 예수님을 만난다는 것은 그런 인간 간의 기준이 아니라 절대적 기준을 경험했다는 뜻입니다. 절대적 기준 앞에서 상대적 기준은 아무 소용이 없습니다. 무의미한 일입니다. 그래서 그 모든 상대적 기준으로부터 벗어나는 것을 경험했다, 이게 하나님을 안다는 말의 속뜻입니다. 하나님을 만나서 아는 사람들은 인간 사회의 기준과 조건을 충족하기 위해 기도하지 않습니다.

목적지를 알면 빨리 가는 게 중요하지 않습니다. 바로 가는 게 중요합니다. 내 목적지가 분명하면 바쁘게 사는 게 중요하지 않습니다. 바로 사는 게 중요합니다. 무조건 바쁘게 살면서 그 목적지를 잃어버렸다면 죽어라 살다가 그냥 죽는 겁니다. 그야말로 어이없이 살다 가는 겁니다. 우리는 소유가 많으면 잘산다고 생각합니다. 물론 아무것도 없이 잘산다고 말하기는 어렵지만 가난해서 행복한 사람도 있습니다. 그러나 많이 가졌다고 다 행복합니까? 가진 사람들이 다 잘 삽니까? 재벌 2세, 3세들이 사회적 물의를 빚는 것을 보십시오. 갑질 횡포가 여기저기서 터져 나오는 것을 보십시오. 많이 가졌다고 해서 결코 제대로 사는 것이 아닙니다. 오히려 제대로 사는 것과는 때로 한참 거리가 멉니다.

오늘 우리에게 일용할 양식을 주시옵고 _____ 마 6:11

육신으로 살아가는 인간에게 양식 문제는 소홀할 수 없는 문제입니다. 그래서 양식 문제는 이 땅에 사는 동안 늘 문제입니다. 그런데 이 양식 문제를 이해하는 시각이 제대로 사는 데 너무나 중요합니다.

우리는 편안하다고 해서 반드시 평안한 것은 아니라는 사실을 압니다. 우리가 지니고 있는 숱한 전자기기와 생산품들은 우리의 편안함을 위해서 만들어진 것들입니다. 모든 교통수단은 우리가 한 곳에서 다른 곳으로 편안하게 가기 위한 것들입니다. 그러나 휴가철에 다녀 보면 어떻습니까? 교통수단이 편안해서 평안합니까? 결코 평안하지 않습니다. 핸드폰이 없던 시절엔 우리 모두가 조금 불편하게 살았습니다. 미국에 있는 아들에게 전화하기 위해 서울 시내 중앙우체국에 가서 국제 전화를 신청하고 기다렸다가 통화했습니다. 3분이 기본 통화 시간이어서 전화 요금 아끼느라 할 말을 종이에 적어서 가는 사람도 있었습니다. 지금은 카톡으로 얼굴까지 보면서 공짜로 미국에 있는 자녀들과 통화합니다. 그렇게 편리한 세상이지만 자녀들과의 관계까지 평안합니까?

우리가 늘어난 소유 때문에 지불하는 대가는 계산할 수 없는 것들입니다. 그런데도 우리는 지금의 소유에 만족하지 못합니다. 세상은 일용하고 있는 일상의 것들보다 조금 더 가지라고 부추깁니다. 다들 일용할 양식에 만족하는 법이 없고 일용할 양식보다 더 많은 양식을 구하고 더 많이 소유하는 것을 능력으로 여깁니다. 사람들은 일용할 양식이 아니라 주용할 양식, 월용할 양식, 연용할 양식, 일생용할 양식을 얻는 데 모든 힘을 쏟습니다. 때문에 대박의 꿈을 안고 삽니다. 평생 먹을 것을 쌓아 놓고 즐기며 사는 것이 꿈입니다. 예수님이 소유가 늘어 창고를 늘려 짓는 부자에게 물으십니다. "내가 오늘 밤 너를 데려가면 그 소유가 다 누구의 것이 되겠느냐?"

조금 더 많은 것을 바란 결과 안식이 사라졌습니다. 양식 문제는 예나 지금이나 실은 돈 문제입니다. 내심으로는 맘몬을 갈망하면서 겉으로만 하나님께 접근하는 것이 문제입니다. 예수님은 맘몬과 하나님 사이에서 갈등하는 두 사람을 보여 주십니다. 부자 청년과 세리장 삭개오입니다. 부자 청년은 다 가졌습니다. 돈과 권력, 명예 다 있습니다. 단지 영생에 대한 불안만 해결되면 완벽합니다. 예수님은 이 부자에게 가진 재산을 모두 팔아서 가난한 사람에게 다 나눠 주고 나를 좇으라고 하십니다. 이 청년은 슬픈 얼굴로 돌아갔습니다. 반면에 삭개오는 평생 맘몬을 따르다가 예수님을 만난 즉시 맘몬을 버립니다. 재산의 반을 내놓고 자신이 빼앗은 것은 법적으로 두 배만 갚아도 되지만 네 배를 갚겠다고 약속합니다. 예수님은 삭개오 집에 그 순간 하나님 나라가 임했다고 선언하십니다.

일용할 양식을 위한 기도는 맘몬과 하나님 중에서 하나님을 택하겠다는 약속과도 같습니다. 이스라엘 백성들이 광야에서 만나를 거둘 때 일용할 양만큼만 가져갔습니다. 더 가져가 봐야 썩어서 먹을 수가 없었습니다. 하나님이 무엇을 가르치기 위해 이 독특한 만나를 주셨을까요?

첫째, 양식은 하늘에서 내려온다는 것입니다. 공급자가 하나님 아빠라는 사실입니다. 이 사실에서 우리의 염려와 걱정이 사라집니다. 내가 벌어 먹고살아야 한다, 내가 버는 모든 것이 사장을 통해서 온다, 사람을 통해서 온다 하면 불안에서 벗어나지 못합니다. 사장이 월급을 준다고 믿는 사람과 하나님이 주신다고 믿는 사람은 인생이 다를 수밖에 없습니다. 하나님이 주신다고 믿으면 관계가 소중하고 사장이 주는 것이라고 생각하면 월급 액수가 더 중요합니다. 하나님 아빠에게서 받는 것은 월급이 아니라 사랑이고 그 돈은 내가 반드시 일한 삯이 아니라 서로의 친밀한 관계에서 비롯된 것입니다.

일용할 양식을 구하는 태도는 양식 그 자체보다 더 깊은 의미가 있습니다. 바로 안식입니다. 하나님 아빠가 나를 책임지시기 때문에 내가 더 이상 내 걱정을 하지 않는 것이 진정한 안식입니다. 우리의 모든 일상은 안식을 잃었습니다. 우리는 무한정 자신을 추구합니다. 우리는 각자가 자신의 안전을 책임지기 위해 끝없이 무장합니다. 일생 내가 먹을 것을 쌓는 것으로 모자라 자자손손이 먹을 것을 쌓느라 골몰합니다. 그래서 바쁘고 그래서 불안하고 그래서 쉼이 없습니다. 그러나 일용할 양식을 구하는 사람들에게는 안식의 축복이 있고 겸손의 축복이 있습니다. 그래서 잠언의 말씀과 같은 기도를 드립니다.

8 곧 헛된 것과 거짓말을 내게서 멀리 하옵시며 나를 가난하게도 마옵시고 부하게도 마옵시고 오직 필요한 양식으로 나를 먹이시옵소서 9 혹 내가 배불러서 하나님을 모른다 여호와가 누구냐 할

157

까 하오며 혹 내가 가난하여 도둑질하고 내 하나님의 이름을 욕되
게 할까 두려워함이니이다 _____ **잠 30:8-9**

일용할 양식을 위해 기도하는 사람은 바르게 사는 것을
아는 사람입니다. 잘 사는 것이 많이 갖고 사는 것이 아니라 바
르게 사는 것임을 아는 사람은 일상의 필요에 만족합니다. 하나
님 아빠는 결코 인간의 탐욕에 응답하시는 분이 아니라는 것을
알기에 또한 하나님 아빠는 내 필요를 미리 아시기 때문에, 절
대로 그 필요를 무시하지 않는다는 믿음 안에서만이 안식할 수
있습니다.

끝으로 이 양식을 위한 일상의 기도는 결코 나 자신만을
위한 기도가 아닙니다. 우리를 위한 청원입니다. 공동체 구성원
모두의 필요를 위한 것입니다. 주님이 가르쳐 주신 기도의 전반
부는 하나님을 구하는 것이고, 후반부는 이웃을 위해 간구하는
것입니다. 내 필요를 채우는 것만으로 세상은 유지되지 않습니
다. 내 필요가 채워져도 안식은 보장되지 않습니다. 공동체 전
체의 필요가 채워질 때 비로소 진정한 안식이 있고 참된 평강이
있습니다. 크리스천의 기도는 따라서 하나님 추구와 공동체 추
구가 병존합니다. 하나님 추구는 기도의 내연이고, 공동체 추구
는 기도의 외연입니다. 분리할 수 없고 분리될 수 없습니다.

날마다 죄 용서를 간구하는 이유

우리가 우리에게 죄 지은 자를 사하여 준 것같이 우리 죄를 사하여 주시옵고 **마 6:12**

여기서 '죄'의 원어를 보면 '빚'입니다. 당시 유대인들은 죄란 하나님께 빚진 것이라고 생각했습니다. 따라서 이 기도는 하나님께 내 빚을 탕감 받았으니 나도 다른 사람의 빚을 탕감해 주겠다는 결단의 고백입니다.

죄 용서를 날마다 간구하는 것은 죄의 심각성에 대한 인식을 반영합니다. 오늘날 인간이 겪고 있는 고통의 대부분은 죄에 무감각해진 때문입니다. 죄가 나를 얼마나 고통스럽게 하는지 또 내 죄가 타인을 얼마나 고통스럽게 하는지 모르기 때문에 죄를 두려워하지 않습니다. 다들 죄짓는데 어떠냐는 것이지요.

물론 크리스천도 죄를 짓습니다. 그러나 그는 용서 받은 죄인, 용서가 필요한 죄인, 날마다 죄를 자각하고 죄로부터 돌이켜야 하는 죄인이라는 것을 안다는 점에서 죄에 무감각한 죄인과 구별됩니다. 그는 용서 받은 것을 알기에 다시 죄로 돌아가지 않으려 합니다. 그는 자신이 용서 받은 죄인이기 때문에 다른 사람의 죄가 용서 받을 수 있다는 것을 압니다. 이 관계가 사람과 사람 간의 관계를 다음 단계로 이끌어 가는 힘입니다.

159

더 깊은 관계로 들어갈 수 있는 동력입니다.

내가 누군가를 용서하는 것이 내가 용서 받는 전제가 아닙니다. 우리는 우리가 죄를 자각하지 못할 때부터 용서 받았습니다. 바울이 예수님을 알고 나서 깨달은 사실입니다(롬 5:8).

> 1 그러므로 이제 그리스도 예수 안에 있는 자에게는 결코 정죄함
> 이 없나니 2 이는 그리스도 예수 안에 있는 생명의 성령의 법이
> 죄와 사망의 법에서 너를 해방하였음이라 ___ **롬 8:1-2**

하나님과의 관계가 깊어질수록 죄에 민감해집니다. 죄에 민감할수록 아버지 사랑의 깊이를 더 깨닫습니다. 그 깊고 넓은 사랑을 위해 우리가 추구할 것은 더 많은 성취가 아니라 더 맑고 깨끗한 영혼이라는 것을 알게 됩니다.

그러므로 이 기도는 용서 받고 용서함으로써 우리가 죄에 머무르지 않겠다는 다짐이기도 합니다. 내가 받은 용서가 너무 커서 다른 사람을 용서하는 것이 어렵지 않다는 고백이기도 합니다. 일흔 번씩 일곱 번이라도 용서 받았기에, 일만 달란트의 빚을 탕감 받았기에 다른 사람들을 몰아세우지 않겠다는 다짐인 셈입니다.

기도의 목적

예수님이 가르쳐 주신 기도의 끝은 우리가 순간순간 눈 앞에 닥치는 시험에 들지 않고 악에 빠지지 않게 해달라는 청원입니다.

> 우리를 시험에 들게 하지 마시옵고 다만 악에서 구하시옵소서 (나라와 권세와 영광이 아버지께 영원히 있사옵나이다 아멘) ____
>
> **마 6:13**

시험에는 세 가지 뜻이 있습니다. 시험(test)과 시련(trial)과 유혹(temptation)입니다. 여기서는 유혹입니다. 하나님도 아브라함을 시험하셨습니다. 믿음의 다음 단계로 넘어가려면 시험을 거쳐야 합니다. 그 시험을 치르기 위해서는 시련과 연단의 과정이 필요합니다. 그 시험과 시련은 선한 의도에서 비롯된 것입니다.

그러나 하나님은 인간을 유혹하지 않습니다. 아버지는 자녀를 유혹하지 않습니다. 유혹은 악한 의도에서 비롯된 것입니다. 사탄은 끊임없이 인간을 유혹합니다. 이 세상에 있는 모든 것들로 유혹합니다. 심지어 구제와 기도와 금식을 통해서도 유혹하는 손길을 늦추지 않습니다. 그야말로 졸면 당합니다. 잠

161

시라도 방심하면 당합니다. 그 모든 것이 시험거리가 되는 것이지요. 하나님의 시험은 겪어야 하고 시련은 이겨 내야 하지만 유혹은 피해야 합니다.

> 12 시험을 참는 자는 복이 있나니 이는 시련을 견디어 낸 자가 주께서 자기를 사랑하는 자들에게 약속하신 생명의 면류관을 얻을 것이기 때문이라 13 사람이 시험을 받을 때에 내가 하나님께 시험을 받는다 하지 말지니 하나님은 악에게 시험을 받지도 아니하시고 친히 아무도 시험하지 아니하시느니라 14 오직 각 사람이 시험을 받는 것은 자기 욕심에 끌려 미혹됨이니 _____ 약 1:12-14

야고보는 시련을 견디라고 독려합니다. 생명의 면류관이 있다고 알려 줍니다. 그러나 유혹을 받을 때 하나님의 시험과 혼동하지 말라고 일러줍니다. 유혹당하는 이유는 하나입니다. 자기 욕심 때문입니다. 사기꾼들은 이 욕심, 탐심을 기막히게 이용합니다. 제가 어릴 때 저희 외할머님이 한 냥짜리 금비녀를 빼주고 파카 만년필 50개를 얻어 오셨습니다. 물론 다 가짜지요. 속이 다 빈 것들인데 집에 와서 큰돈 벌었다고 좋아서 어쩔 줄 모르시는 것을 보았습니다. 1950년대 일인데 지금도 언론에 계속해서 비슷한 일들이 보도되는 것을 보면서 실소합니다.

왜 기도하라고 하십니까? 바르게 살기 위해섭니다. 제대로 살기 위해섭니다. 기도하지 않으면 유혹을 못 이깁니다. 악을 못 이깁니다. 바르게 기도하지 않으면 잘 살기 위해 기도하고, 잘 사는 것이 무엇인지 모른 채 기도하다 결국 바로 살지 못하게 됩니다. 기도 열심히 해도 바로 살지 못하는 사람이 얼마나 많습니까? 잘 살게 해달라고 기도하다 유혹에 빠지는 일이 얼마나 많습니까? 잘 살게 해달라고 기도하다 악을 못 이기는 일이 얼마나 많습니까?

하나님이 누구신지 모르고 하나님 나라와 하나님의 뜻이 무엇인지도 모르고 하는 기도는 하면 할수록 내 생각, 내 욕망, 내 나라, 내 뜻을 구하게 됩니다. 그래서 기도하면 할수록 하나님과 멀어지게 됩니다. 기도는 많이 하는데 하나님과 점점 멀어지는 모습을 보면서 예수님이 너희는 이렇게 기도하라고 가르쳐 주신 것이 주기도문입니다. 이 기도는 기도의 틀을 가르쳐 주신 것이지 반드시 이대로 기도하라는 말씀이 아닙니다. 자칫 이대로만 항상 기도하다가 이 주기도문조차 주문으로 만들 수 있습니다.

"나라와 권세와 영광이 아버지께 영원히 있사옵나이다 아멘"이라는 마지막 송영은 하나님에 대한 찬송입니다. 우리가 기도하는 목적은 하나님을 기쁘시게 하는 것입니다. 하나님께 올려 드리는 이 고백은 누가복음에는 안 보입니다. 마태가 이 기도문이 예배 때 사용될 수 있도록 덧붙인 것으로 봅니다. 그

기도 : 바로 살게 하소서

러나 이 송영을 기록하지 않았다 해도 당시 유대인들은 기도하고 반드시 이 송영을 드렸습니다. 나라와 권세와 영광은 나에게 속한 것이 아닙니다. 그 모든 것이 하나님의 것입니다. 이 송영을 통해서도 나의 나 된 것이 어떤 것인지 하나님의 하나님 되심이 어떤 것인지를 기억하게 됩니다.

다음 말씀은 기도의 핵심을 다시 짚어 주시는 예수님의 강조점입니다.

> **14** 너희가 사람의 잘못을 용서하면 너희 하늘 아버지께서도 너희 잘못을 용서하시려니와 **15** 너희가 사람의 잘못을 용서하지 아니하면 너희 아버지께서도 너희 잘못을 용서하지 아니하시리라
>
> ───── 마 6:14-15

저는 이 말씀을 묵상할 때 형제와 자매 간에 다투는 것을 보고 타이르는 부모의 심경을 느낍니다. 제발 좀 다투지 마라, 제발 좀 서로 용서해라, 너희들 서로 용서하지 않으면 나도 너희들 절대 용서하지 않겠다, 그렇게 으름장을 놓는 아버지의 마음을 느낍니다.

기도 왜 합니까? 여전히 잘 살기 위해서입니까? 예수님은 바로 살기 위해 기도하라고 가르쳐 주십니다. 바로 살기 위해 하나님 나라가 임해야 하고, 바로 살기 위해 필요한 모든 것

을 하나님께 의지해야 하고, 바로 살기 위해 용서하고 용서 받아야 하고, 바로 살기 위해 유혹과 악에 빠지지 않아야 한다는 것을 알려 주십니다.

그렇게 기도하라고 다 알려 주신 뒤에도 후렴처럼 다시 말씀하십니다. 제발 서로 용서하고 살아라. 서로 사랑하며 산다는 것은 서로 용서하며 사는 것입니다. 서로 용서하면 하나님 나라를 경험할 것이고, 서로 따지면 지옥을 경험할 것입니다. 서로 잘 살겠다고 기도하면 지옥을 만들 것이고, 서로 바로 살겠다고 기도하면 천국을 이룰 것입니다.

8

재물

왜 돈에 묶이는가?   마 6:19-24

예수님이 참된 신앙인의 길을 다 가르쳐 주셨습니다. 앞에서 살펴본 말씀으로도 이미 충분합니다. 그런데 그처럼 다 가르쳐 주셨는데 왜 잘 안 됩니까? 무엇 때문에 우리 신앙이 줄곧 하나님께로 나아가지 못하고 제자리걸음을 합니까? 무엇이 신앙생활의 가장 큰 걸림돌입니까? 우리의 신앙생활을 뒤틀리게 하는 대표적인 것이 무엇입니까?

예수님이 세 가지를 말씀하십니다. 재물과 염려와 비판입니다. 예수 잘 믿어 보겠다고 할 때 신앙의 뿌리를 갉아 먹는 것이 바로 물질과 근심과 남을 비판하는 태도라는 것입니다. 먼저 재물입니다. 도대체 재물이 무엇입니까? 무엇 때문에 이 재물에 묶여서 내가 바른 신앙생활을 하지 못하는 겁니까?

재물 : 왜 돈에 묶이는가?

하늘에 돈을 쌓는 것이란

너희를 위하여 보물을 땅에 쌓아 두지 말라 거기는 좀과 동록이
해하며 도둑이 구멍을 뚫고 도둑질하느니라 ____ 마 6:19

보물은 우리가 소중하게 여기는 것입니다. 주로 재물을
말합니다. 대표적인 게 돈이지요. '돈을 쌓지 말라'가 저축하지
말라는 것일까요? 예수님의 의중은 어디에 있습니까? 너 자신
을 위해 쌓지 말라는 것입니다. 왜 돈을 쌓습니까? 왜 돈을 의지
합니까? 돈이 나를 지켜 줄 것이라고 믿기 때문입니다. 돈에 그
런 능력이 없다고 생각하면 왜 쌓겠습니까?

돈에 관한 속담들은 한결같이 돈의 능력을 강조하는 것
들입니다. 우리 속담에는 "돈이면 귀신도 부린다"는 말이 있습
니다. 영어 속담도 비슷합니다. "Money talks", '돈이 말한다'입
니다. 돈이 말하면 사람이 입을 닫습니다. 돈이 말하면 진실이
침묵합니다. "Money makes mare go", 돈이면 고집스러운 암말
도 가게 만든다는 뜻입니다. 돈이 강력한 힘을 갖고 있다고 믿
고 돈의 위력에 굴복하는 것이 곧 타락입니다. 마르크스의 자본
론은 결국 돈이 사람을 지배하는 타락한 사회에 대한 문제의식
에서 출발합니다.

예수님의 돈에 관한 제1원칙은 자신을 위해 돈을 쌓지

말라는 것입니다. 그 이유는 세 가지로, 첫째가 돈이 도둑을 부르기 때문입니다. 우리는 돈만 있으면 안전을 보장 받을 수 있을 것처럼 생각합니다. 그래서 자식이 없어도 돈만 있으면 된다고 말합니다. 그러나 돈이 있는 곳에 반드시 좀이 슬고 녹이 슬게 되어 있습니다. 마치 음식이 벌레를 불러들이는 것과 같습니다. 끝내 도둑이 듭니다. 집 밖에서만 도둑이 드는 게 아닙니다. 집 안에서도 도둑이 듭니다.

뉴욕의 한 교민이 이민 가서 꽤 큰돈을 벌었습니다. 현금 장사를 하다 보니 매일 현금을 가득 담은 가방을 갖고 밤늦게 귀가했습니다. 너무 피곤한 탓에 돈 셀 기력도 없어서 방 하나를 통째로 금고로 삼았습니다. 그렇게 돈을 방구석에 쌓다 보니 얼마가 쌓였는지도 몰랐고, 아들이 그 돈에 손을 대고 있는 줄도 몰랐습니다. 아들은 도박에 빠지고 끝내는 마약에도 손을 댔습니다. 결국 아들은 감옥에 갔고 가정은 파경을 맞았습니다. 돈을 쌓다가 생긴 일입니다.

돈을 어디에 쌓느냐에 따라 돈은 축복이 되기도 하고 재앙이 되기도 합니다. 예수님은 나를 위해 돈을 땅에 쌓지 않는 것이 첫 번째 기준임을 알려 주십니다. 나를 위해 땅에 쌓는 재물이 결코 나를 안전하게 지켜 주지 않는다는 것을 말씀하십니다. 오히려 도적을 불러들인다고 말씀하십니다.

그런데 보물은 꼭 재물만이 아닙니다. 내가 어떤 것보다

169

귀하게 여기는 것이 보물입니다. 내 재능과 내 시간도 보물일 수 있습니다. 그것도 나를 위해 이 땅에 쌓기 시작하면 나를 병들게 하고 언젠가 도적을 만나게 됩니다.

그러면 어디에 쌓아야 합니까? 하늘에 쌓아야 합니다. 하늘에 어떻게 쌓을 수 있습니까? 하늘에 쌓는 방법은 한 가지밖에 없습니다. 눈에 보이는 재물을 눈에 보이지 않는 관계로 환전하는 것입니다. 돈이 나를 해치기 전에 돈을 선한 관계로 바꾸어 놓는 것입니다. 돈은 내가 소유하는 것 같아도 시간이 지나고 보면 돈이 나를 소유하고 있습니다. 돈이 나를 소유하는 지경에 이르면 나는 이미 부패하고 있는 중입니다. 이런 사람에게 자유는 없습니다. 돈에 묶인 나머지 자유를 빼앗깁니다. 그러니 돈이 나를 지배하기 전에 그리고 돈으로 내가 부패하기 전에 선한 관계를 만드는 데 그 돈을 쓰라는 것입니다.

예수님의 말씀 가운데 누가복음 16장에 나오는 악한 청지기 비유는 언뜻 이해하기 어렵습니다. 한 청지기가 주인의 돈을 허비하다가 해고될 위기에 처하자, 채무자들을 불러서 마치 주인인 양 그들의 부채를 탕감해 주었습니다. 회사 공금을 유용하다가 해고될 처지에 놓이자 이번에는 공금 횡령에다 배임까지 한 셈입니다. 마땅히 유죄입니다. 그런데 주인이 이 무책임한 청지기를 칭찬합니다.

주인이 이 옳지 않은 청지기가 일을 지혜 있게 하였으므로 칭찬하였으니 이 세대의 아들들이 자기 시대에 있어서는 빛의 아들들보다 더 지혜로움이니라 _____ 눅 16:8

이 사람이 분명히 옳지 않은데 지혜롭다고 하십니다. 예수님이 말씀하시는 지혜란 대체 어떤 것이기에 이런 사람의 행동을 지혜롭다고 하십니까? 예수님의 의도는 이것입니다. 이 청지기는 적어도 재물의 목적이 무엇인지를 제대로 알았기 때문에 지혜롭다고 한 것입니다. 이 말씀을 확대 해석하는 것이 조심스럽지만 이렇게 비유할 수 있습니다. 어느 성도가 주일에 헌금하겠다고 돈을 갖고 나섰다가 도중에 노숙자를 만나 돈을 쓰고 또 택시운전사에게는 팁을 주었는데, 예수님이 이 사람을 보고 지혜롭다고 말씀하시는 것입니다.

저는 택시를 타고 예배 드리러 교회에 올 경우, 택시운전사에게 천 원이든 2천 원이든 팁을 주는 것이 지혜로운 처사라고 생각합니다. 그것이 교회 다니라고 한마디 하는 것보다 복음에 더 가깝기 때문에 그렇습니다. 지혜란 물질을 어떻게 쓰는지를 아는 것입니다. 써야 할 곳에 바르게 쓰는 것을 지혜롭다고 합니다. 이 청지기는 자기가 해고되면 월급이 아니라 사람들과의 관계로 살아야 한다는 것을 깨달은 사람입니다. 예수님은 물질을 물질로 대하는 것, 돈을 돈으로 대하는 것을 지혜롭다고 하

재물 : 왜 돈에 묶이는가?

신 것입니다. 결국 이 비유는 돈은 관계를 만드는 데 가장 우선 적으로 필요한 것임을 말씀하고 있습니다. 그러나 한 가지 조심 해야 할 것은 돈으로 사람을 조종하려 해선 안 된다는 것입니다.

선한 사마리아인 이야기도 같은 맥락입니다. 이 사람은 어쩌면 장사해야 할 돈으로 전혀 낯선 사람을 돕습니다. 랍비나 레위인은 강도를 당해 피 흘리는 이 사람을 보고도 그냥 지나쳤 습니다. 반드시 응급조치가 필요한 상황이었지만 그냥 지나갔 습니다. 어쩌면 그날 주일이어서 예배 시간에 늦을까 봐 그랬을 지도 모르겠습니다. 그러나 예수님은 물으십니다. "다 좋다. 그 러나 어쨌건 이 강도 만난 사람의 이웃은 대체 누구냐?"

아시겠지만 유대인들은 사마리아인을 사람으로 여기지 도 않았습니다. 그런데 유대인들은 강도 당한 이웃을 그냥 지나 쳤으나 사마리아인은 그가 유대인이냐 사마리아인이냐 따지지 않고 자기의 재물을 다 썼습니다. 한 생명을 살리는 데 가진 돈 과 시간을 다 썼습니다. 이게 진정한 지혜라는 것입니다.

> 오직 너희를 위하여 보물을 하늘에 쌓아 두라 거기는 좀이나 동록 이 해하지 못하며 도둑이 구멍을 뚫지도 못하고 도둑질도 못하느 니라 _____ 마 6:20

인간이 자신을 위해 보물을 쌓는 유일한 길은 오직 하늘에 쌓는 것입니다. 내 마음이 있는 곳이 아니라 하나님의 마음이 있는 곳에 재물을 쓰고, 사람들을 나한테 묶어 두기 위해서가 아니라 하나님께로 인도하기 위해 돈을 쓰는 것이야말로 하늘에 보물을 쌓는 길입니다. 또한 그 방법이 보물을 지키는 가장 안전한 길이기도 합니다. 돈을 하늘에 쌓는 길은 땅에서는 돈을 흩는 길입니다. 돈은 거름과 같아서 쌓아 두면 썩는 냄새를 견딜 수가 없는데 흩어 버리면 땅을 기름지게 하는 것처럼 쓸모가 있습니다.

돈을 사랑한 결과

나를 위해서 돈을 이 땅에 쌓지 말라고 하시는 두 번째 이유를 보십시다.

네 보물 있는 그곳에는 네 마음도 있느니라 _____ 마 6:21

재물을 땅에 쌓아 봐야 생각만큼 내 안전을 지켜 주는 것도 아니지만 더 중요한 것은 그렇게 쌓다가 내 마음을 빼앗긴다는 것입니다. 보물은 내 마음을 빼앗아 갑니다. 마음은 다름 아닌 생명입니다. 성경은 무릇 이 세상에서 지킬 만한 어떤 것보다 네 마음을 지키라(잠 4:23)고 강조합니다. 생명이 그 마음에서 나기 때문입니다.

그런데 재물을 쌓기 시작하면 그 재물이 마음을 붙들어 두기 시작합니다. 내가 재물을 차지한 것이 아니라 재물이 나를 차지한 것입니다. 내가 돈을 가진 것이 아니라 돈이 나를 가진 것입니다. 소유에 소유당하는 것이 마음을 빼앗긴 것이지요. 돈에 마음을 빼앗긴 사람이 누군가를 사랑할 수 있을까요? 소유에 마음이 묶여 버린 사람의 영혼이 자유로울 수 있을까요? 그런 사람에게 어떤 일이 생길까요?

> 22 눈은 몸의 등불이니 그러므로 네 눈이 성하면 온몸이 밝을 것
> 이요 23 눈이 나쁘면 온몸이 어두울 것이니 그러므로 네게 있는
> 빛이 어두우면 그 어둠이 얼마나 더하겠느냐 ____ 마 6:22-23

예수님이 재물 이야기를 하시다가 왜 갑자기 눈, 몸, 등불, 어둠을 들먹이시는지 알겠습니까? 예수님은 마음을 빼앗긴 상태가 어떤 것인지를 정확히 꿰뚫어 보십니다.

눈과 마음은 연결되어 있습니다. 눈 가는 데 마음이 가고 마음 가는 데 눈이 갑니다. 마음에 탐욕이 자라면 마음 가는 대로 시선이 갑니다. 마음이 먼저 보고 눈이 그다음 봅니다. 마음이 욕심 때문에 어두워지면 눈도 점점 흐려집니다. 마음의 눈이

밝아야 세상을 바로 볼 텐데 마음의 눈이 어두우면 세상도 어둠 속입니다. 눈이 성하면 몸이 다닐 만한 곳을 다니게 되지만, 눈이 나쁘면 몸이 어둠 속을 헤맬 수밖에 없습니다.

이 말씀이 뜻하는 바가 무엇입니까? 결국 재물에 마음을 빼앗기면 눈이 흐려진다는 것이고, 눈이 나빠지면 이해력도 떨어지고 분별력도 떨어진다는 얘기입니다. 밤길에 등불을 들고 가다 등불이 가물가물해지면 위험합니다. 그러다 등불이 영 꺼져 버리게 되면 큰 낭패가 아닐 수 없습니다.

자본주의란 이 시대의 사람들을 돈이 좌지우지하고 있다는 이념입니다. 돈이 사람의 가치를 결정하고 돈이 사람의 흐름을 만듭니다. 돈이 모든 관계를 좌우합니다. 겉으로 무슨 행동을 하고 무슨 말을 하더라도 속은 다 돈을 따라 계산을 하고 있습니다. 따라서 이 시대 사람들은 '돈이 없는 배우자나 친구'를 선택하기보다 '배우자나 친구가 없어도 살 수 있는 돈'을 선택합니다. 사람들이 모이는 곳에 가 보면 반드시 돈이 있습니다. 돈 때문에 모이고 돈을 따라 모이고 돈을 얻고자 모입니다. 돈은 너무나 강력한 힘이어서 마치 중력과도 같습니다.

영화관에 사람들이 몰리고 야구장과 축구장에 사람들이 몰립니다. 왜 모입니까? 영화나 스포츠 뒤에는 어김없이 돈을 쥐고 있는 사람들이 있습니다. 영화제작자들에게 돈을 대는 그룹이 있고 야구단이나 축구단을 쥐락펴락하는 주인들이 있습니다. 그들의 카르텔이나 네트워크가 얼마나 대단한지 어느 누구도 마음대로 그 세계에 진입하지 못합니다. IT, BT(생명과학)에는 왜 사람들이 몰립니까? 돈이 이미 그곳에 흐르고 있기 때문입니다. 심지어 정치의 계파조차도 돈을 따라 이합집산이 반복되는 것을 봅니다. 마치 양어장에 먹이를 주면 고기 떼들이 모이고 공원에서 모이를 들고 있으면 새들이 모이듯 사람들이 돈을 따라 모이고 흩어지는 것입니다.

　　종교단체는 다릅니까? 이단일수록 돈이 많습니다. 이단교주들의 사생활은 재벌보다 더합니다. 왜 교회를 세습합니까? 교회가 빚더미라면 누가 아들에게 세습하겠습니까? 거기 돈이 모여 있기 때문입니다. 왜 교회 당회원이 되려고 합니까? 돈이 있기 때문이고 돈을 누가 어떻게 쓰는지를 결정하는 힘이 바로 그 돈 때문에 생겨나기 때문입니다. 물론 현실을 보면 돈이 부족해서 고통스러워하는 교회가 비교할 수 없이 많습니다. 그러나 돈이 쌓이면 반드시 문제가 생기게 마련입니다. 성경은 그러나 그 돈을 나쁘다고 말하지 않습니다. 다만 돈을 사랑하는 것, 돈을 섬기는 것, 돈의 노예가 되는 것을 나쁘다고 말할 뿐입니다.

돈을 사랑함이 일만 악의 뿌리가 되나니 이것을 탐내는 자들은 미혹을 받아 믿음에서 떠나 많은 근심으로써 자기를 찔렀도다 ＿＿

딤전 6:10

바울이 사랑하는 제자 디모데에게 돈을 사랑하는 사람들이 가는 길을 알려 줍니다. 돈을 욕심내는 사람들은 우선 미혹당하기 쉽습니다. 옳고 그름이 헷갈려서 믿음을 떠나고 그래서 근심이 많아집니다. 그 근심이 결국 자기를 찌릅니다. 돈의 피해자는 누굽니까? 돈을 사랑하는 사람입니다. 돈을 그냥 돈으로 쓰지 않고 돈을 사랑하고 돈에 묶이고 돈을 염려하므로 돈에 찔려서 다치고 목숨을 잃게 됩니다.

특별히 이 시대는 돈에 대한 탐심을 자극하는 유혹이 갈수록 심해지고 있습니다. 정부가 세수를 늘린다는 명분으로 사행산업, 도박을 장려합니다. 카지노가 늘어납니다. 그 결과 가정과 기업이 파탄을 맞는 일이 급속히 늘어납니다. 강원랜드 주변 얘기들 들어 보셨습니까? 결국 가진 재산 다 잃고 몸과 영혼이 피폐해진 사람들이 즐비합니다. 경마장 주변 얘기들 들어 보셨습니까? 멀쩡한 사람이 순식간에 파멸하는 일이 줄을 잇습니다. 경마하다 사채업자에 시달리고 출구가 안 보이자 은행금고를 턴 사람도 있습니다. 왜 여기까지 몰렸습니까? 돈에 대한 빗나간 생각과 태도 때문입니다.

순서를 보십시오. 돈 때문에 점점 분별력이 흐려져서 혼미해집니다. 그러고는 점점 믿음을 저버리게 됩니다. 교회 나와도 믿음 잃어버리는 것 한순간 아닙니까? 돈을 잃어 보십시오. 믿음에서 떠나는 것도 순식간이지만 근심이 한순간에 늘어납니

재물 : 왜 돈에 묶이는가?

다. 그 근심이 자기 몸을 찌르는 것입니다. 물론 돈을 사랑하는 것이 일만 악의 뿌리지만, 돈을 줄곧 생각하는 것도 일만 악의 뿌리와도 같습니다.

돈을 사랑하면서 하나님을 사랑할 수 없다

한 사람이 두 주인을 섬기지 못할 것이니 혹 이를 미워하고 저를 사랑하거나 혹 이를 중히 여기고 저를 경히 여김이라 너희가 하나님과 재물을 겸하여 섬기지 못하느니라 ___ **마 6:24**

돈을 이 땅에 쌓지 말아야 할 세 번째 이유입니다. 돈을 섬기면 결코 하나님을 섬길 수 없기 때문입니다. 돈을 쌓는 것은 돈에 예속되는 지름길이고 돈에 묶이면 하나님과 동행할 수 없습니다. 발이 어딘가에 묶였는데 어디로 갑니까? 돈 때문에 눈길도 세상을 바라보고 있고 발걸음도 세상을 향해 걷고 있는데 어떻게 하나님과 동행할 수 있습니까?

재물이 무엇인데 이것에 마음을 빼앗기고 돈이 무엇인데 돈에 묶입니까? 재물이라고 쓴 원어는 맘몬이라는 아람어입니다. 재물, 재산, 부, 소유 모두를 일컫는 말입니다. 맘몬은 어떤 뜻으로도 하나님과 비교되는 개념이 아닙니다. 무슨 영적인 힘이 있는 존재가 아닙니다.

그렇다면 여기서 왜 하나님과 비교할 수 없는 맘몬을 마치 하나님과 비교할 수 있는 것처럼 사용하고 있습니까? 우리가 속고 있기 때문입니다. 재물을 하나님처럼 여기도록 부추기는 어떤 영적인 존재나 세력이 있기 때문입니다. 소유를 하나님 자리에 올려놓으라고 속삭이는 것에 사람들이 속아 넘어가기 때문입니다.

도대체 어떻게 재물과 하나님을 비교할 수 있습니까? 아버지가 아들에게 돈 만 원을 주었습니다. 돈 만 원과 아버지가 비교 대상이 됩니까? 돈 만 원 받은 그 아들이 아버지보다 돈을 더 소중하게 여긴다는 게 말이 됩니까? 돈을 하루 종일 쳐다보면서 아버지는 까마득하게 잊어버린다면 이해가 됩니까? 그런데 실제로 이런 일이 일어나고 있습니다.

하나님을 하나님으로 인정하지 않으면 그 자리에 아무나 올라갈 수 있고 아무것이나 올려놓을 수 있습니다. 돈도 신격화할 수 있고 하나님처럼 여길 수 있습니다. 우리는 흔히 우상이라고 하지만 그 많은 우상들에게 어떤 힘이 있는 것처럼 착각하게 만드는 배후 세력을 쉽게 파악하지 못합니다. 돈이 문제가 아닙니다. 돈을 돈으로 바라볼 수 없게 만들어 돈을 돈 이상으로 바라보도록 착시현상을 일으키는 배후가 있습니다. 이렇게 재물을 재물 이상으로 보게 만드는 것을 맘몬이라고 부릅니다.

179

밀턴(John Milton)의 《실락원》을 보면 맘몬은 하늘에서 떨어진 천사 중 가장 치사한 성품을 지닌 존재로 묘사합니다. 맘몬도 한때 천사였지만 땅에 떨어져서는 항상 고개를 숙이고 황금이 있는 곳만 쳐다보고 다닙니다. 맘몬은 숨겨진 황금이나 보물을 찾아내는 능력을 지니고 있습니다. 그래서 인간이 땅속에서 광석이나 보석을 파내게 된 것도 맘몬의 속성과 능력을 지녔기 때문이라고 해석하는 사람도 있습니다. 하나님이 만약 인간에게 꼭 필요한 것이라면 공기나 물처럼 바로 곁에 두시지 왜 땅속에 묻어 두셨겠습니까? 맘몬을 형상화한 것을 보면 검은 몸에 머리에는 새 머리 두 개가 달렸고 손과 발과 손톱과 발톱이 길게 자란 형상입니다.

어쨌건 비교할 수 없는 것을 비교하게 만드는 존재, 피조물을 창조주의 자리에 올려놓는 것이 사탄의 능력입니다. 이 능력은 상식의 눈만 가져도 절대로 섬길 수 없는 것을 섬기게 만듭니다. 이 능력은 택하지 말아야 할 것을 택하게 하고 묶여서는 안 될 것에 묶이게 합니다. 이 능력의 근원은 거짓말이고 속임수입니다. 사탄은 또 수단과 방법을 가리지 않고 위협하고 협박합니다. 이 세상을 보십시오. 이해가 됩니까? IS를 보면 이해가 됩니까? 그들이 사람들을 어떻게 통제합니까? 먹는 것 입는 것과 돈으로 안 되면 협박하고 고문하고 죽입니다. 사람 죽이는 것을 무슨 물건이나 짐승 다루듯 합니다.

사실 따지고 보면 오늘날 도처에서 일어나는 문제들의 뿌리에는 우리의 재물관이 있습니다. 자본주의가 뿌려 놓은 것들이 자라난 것입니다. 공산주의는 산업자본주의의 폐해 속에 질식해 가던 노동자들을 대변한 이념입니다. 오늘날 세계 도처에서 발생하고 있는 테러와 범죄도 속을 들여다보면 금융자본주의의 부패와 폐해가 뒤섞여 있습니다. 이 악한 의도들이 디지털 기술과 결합하면서 점점 더 빠른 속도로 사회 전체를 잠식해 가고 있습니다. 성경은 인본주의를 타락의 출발점으로 보지만 자본주의는 더욱 타락한 것으로 규정하고 있습니다. 돈을 사랑하는 것이 일만 악의 뿌리라는 것은 돈이 세상을 지배하는 것이야말로 돌이킬 수 없는 죄악이라는 뜻입니다.

　　그렇다면 우리는 이 후기 금융자본주의 시대를 어떻게 살아야 합니까? 금융 시스템과는 담을 쌓아야 합니까? 아우타르키(autarchy), 자급자족의 원시 경제로 돌아가야 합니까? 그럴 수는 없는 일이지요. 하지만 예수님의 말씀은 단호하면서도 단순합니다. 돈은 결단코 섬김의 대상이 아니라는 것입니다. 돈의 노예가 되지 말라는 것입니다. 조금 더 나아가면 무슨 뜻입니까? 돈을 위해 살지 말라는 것입니다. 돈 때문에 죽고 살지 말라는 것입니다. 한 발 더 나아가면 무슨 선택을 하건 돈을 선택의 기준으로 삼지 말라는 것입니다.

　　젊은이들이 대학이나 직장을 택하는 기준이 무엇이어야

181

재물 : 왜 돈에 묶이는가?

합니까? 돈이어서는 안 된다는 것이지요. 젊은이들이 꿈을 접고 돈을 택한다면 그 사회에 무슨 미래가 있습니까? 결혼을 원하는 젊은이들이 배우자를 선택하는 기준이 무엇이어야 합니까? 돈이어서는 안 된다는 것이지요. 그것도 본인의 돈도 아니고 그 사람 부모의 돈을 기준으로 삼는다면 그 결혼에 무슨 미래가 있습니까?

그런데 돈에 예속되는 것 말고 무슨 다른 길이 있습니까? 이 세상의 흐름을 거스른다는 것은 사실상 불가능합니다. 자본주의 사회에서 살면서 이 질서를 거부한다는 것은 내 힘으로 불가능합니다. 그러니 돈보다 더 강력한 힘의 도움을 받는 길 외에 무슨 다른 방법이 있습니까?

나를 지키기 위해 돈을 의지하는 길이 거꾸로 나를 잃는 지름길입니다. 그래서 신앙은 역발상이고 초발상입니다. 나를 지키기를 포기하는 것입니다. 돈을 포기하는 것이 불가능한 세상이기 때문에 돈과 싸우지 않습니다. 나를 내 힘으로 지키는 것을 포기하는 것입니다. 신앙은 포기에서 시작합니다. 나를 내 것이라고 여기는 데서 벗어나는 길입니다. 나 자신조차 내 것이 아닌데 내 것이 어디 있습니까? 내 생명도 내 것이 아니라는데 내 소유가 어디 있습니까? 여기서 시작하면 사랑할 대상이 한 분밖에 없습니다. 여기서 시작하면 믿고 의지할 대상이 한 분밖에 없습니다. 여기서 시작하면 섬겨야 할 분이 한 분밖에 없습니다.

얼마나 쉽습니까? 얼마나 분명합니까? 그래서 신앙이 가장 쉽습니다. 가장 단순합니다. 가장 강력합니다. 그런데 왜 안 됩니까? 속기 때문입니다. 속아 넘어갔기 때문입니다. 하나님만으로 안 된다는 속삭임이 워낙 내 안에서 크게 울리기 때문입니다. 눈에 보이는 현실이 그 울림을 뒷받침합니다. 모든 증거가 다 내 눈앞에 펼쳐져 있습니다. 사실입니까? 아닙니다. 보는 것들에 다 속아 넘어갑니다. 돈 때문에 겪는 눈에 보이지 않는 고통을 못 보기 때문입니다. 돈 버느라 무엇보다 소중한 생명을 허비하고 있는 것은 눈에 보이지 않기 때문입니다. 이 세상의 가장 어처구니없는 어리석음이 무엇입니까? 돈 버느라 생명 다 쓰고 그 생명 병들어서 다시 그 돈 다 써서 병 고치려는 것 아닙니까? 그러니 절대로 돈 때문에 생명 쓰고 돈 때문에 목숨 걸 일이 아닙니다.

제가 언론인 시절에 바른 재물관을 갖고 살아 보자고 결심했습니다. 부정한 돈은 쳐다보지도 말고 받지도 말자고 결심했습니다. 결심대로 살려니 사람들한테 바보 취급을 당했습니다. 아니 그 이상입니다. 관계가 끊어졌습니다. 어느 날은 점심 사 먹을 돈이 없어서 혼자 사무실에 우두커니 앉아 있었던 적도 있습니다. 하지만 어느 날 돈이 너무 급히 필요해서 일주일 내내, 한 달 내내 돈 생각만 하다가 한 가지 깨달은 것이 있습니다. 돈만 생각하기 시작하면 좋은 생각을 할 겨를이 없어진다는 사실입니다. 곰곰 그 생각들을 들여다보니 전부 악한 생각이었습니다.

돈 때문에 어려움을 겪어 본 사람들은 잘 압니다. 돈 때문에 목숨 걸지 말라고 말하는 게 얼마나 힘든 일인지를 말입니다. 그러나 어쩌겠어요. 주님의 말씀대로 살지 않으면 진정한 변화는 일어나지 않습니다. 고통스럽더라도 누군가 이 길을 가지 않으면 본질적인 변화는 일어나지 않습니다. 한국 교회가 이처럼 타락한 데는 그 어려운 길을 걷는 사람이 드물기 때문입니다. 그러니 힘들어도 주님의 말씀에 순종할 일입니다. 그 순종의 고통을 뚫고 지나가야 그다음 단계로 들어가 하나님이 일하시는 걸 보게 됩니다. 그 어려운 시간, 힘든 시간을 뚫고 지나가면 하나님께서 기가 막히게 일을 풀어 가시는데 거기까지 가기가 쉽지 않습니다.

교회 다닌다고 크리스천입니까? 이 재물관 하나 제대로 갖지 못하면서 크리스천으로 살기 어렵습니다. 날마다 돈을 묵상해서는 크리스천으로 살 수 없습니다.

1 복 있는 사람은 악인들의 꾀를 따르지 아니하며 죄인들의 길에 서지 아니하며 오만한 자들의 자리에 앉지 아니하고 2 오직 여호와의 율법을 즐거워하여 그의 율법을 주야로 묵상하는도다 _____

시 1:1-2

주야로 말씀을 묵상하는 것이 복입니다. 맞습니다. 그러나 달리 표현하면 밤낮없이 말씀을 생각하느라고 돈 생각에서 벗어나는 것이 복입니다. 소명을 받는 것이 복입니다. 달리 표현하면 소명을 생각하느라고 돈 생각할 겨를이 없는 것이 복입니다. 주어진 일에 열심을 다하는 것이 복입니다. 마땅히 해야 할 일을 생각하느라 돈 생각에서 떠나 있는 것이 복입니다.

진정한 신앙이란 무엇입니까? 물질로부터 풀려나는 것입니다. 더 이상 물질을 섬기지 않게 되고 물질에 묶이지 않게 되고 물질에 끌려 다니지 않게 되는 것입니다. 내가 비록 좀 못 살더라도, 내가 비록 좀 손해 보더라도 내 선택의 기준이 더 이상 돈이 아닌 것, 그것이 크리스천의 삶입니다.

노벨 경제학상 수상자인 밀턴 프리드먼(Milton Friedman)의 《돈의 이야기》(Money Mischief)에는 미크로네시아의 캐롤라인 군도 앱(Yap) 섬에서 쓰는 돌 화폐 '페이'에 관한 이야기가 소개되어 있습니다. '페이'는 석회석으로 만들었는데 앱 섬에서 600km 떨어진 다른 섬에서 만들어 옵니다. 가운데 구멍이 뚫린 맷돌 같은 돌이 돈입니다. 작은돈의 지름이 30cm, 큰돈은 4m나 됩니다. 그런데 돈거래가 재미있습니다. 큰돈 즉 무거운 돌을 거래할 때 받을 돈이 생기면 그 집에 가서 그 돈에 일정한 표시만 하고 돌을 그대로 놓아 둡니다. 받을 돈만큼 받고 나면 가서 그 표시를 다시 지워 줍니다. 돌이 무겁기 때문에 옮겨 오지 않

재물 : 왜 돈에 묶이는가?

습니다. 그래도 경제가 돌아갑니다. 그 섬에 제일 큰 부자가 있습니다. 그 부자가 이때까지 사람들이 본 적이 없는 큰돈을 만들어 왔습니다. 뗏목에 싣고 마을로 오다가 풍랑에 쏠려 그 돈이 바다에 빠졌습니다. 다들 안타까워했지만 상관없습니다. 사람들이 그 사람을 가장 돈이 많은 부자로 인정했습니다. 다 봤으니까 거래하는 데도 문제가 없습니다.

어떻습니까? 우리 경제 시스템과 뭐가 다릅니까? 이제 곧 통장도 사라지게 됐습니다. 세상 모든 돈의 70% 이상이 컴퓨터에 있습니다. 그 많은 돈이 단지 숫자로만 존재합니다. 전산망에 문제가 생기면 그 많은 돈은 순식간에 사라질 것입니다. 한순간에 사라져 버릴 숫자를 위해 죽을힘을 다한다면 웃지 않을 사람이 있습니까? 그러나 그게 내 모습이고 우리 모두의 모습입니다.

무엇을 위해 사시겠습니까? 돈입니까, 하나님입니까? 우리는 이 질문 자체가 성립할 수 없다는 것을 깨달았습니다. 돈은 우리가 사는 목표가 될 수 없다는 것이 분명해졌습니다. 그러나 실생활에선 돈이 필요한데 어떻게 하시겠습니까? 돈이 나를 섬기게 하는 수밖에 없습니다. 돈이 나를 졸졸 따라오게 할 수밖에 없습니다. 어떻게 해야 합니까? 하나님을 섬겼더니 그런 일이 생기는 것을 경험하는 것 외에 다른 길이 없습니다. 직장에 돈 벌러 가지 마십시오. 하나님 섬기러 갔더니 돈이 생기게 되기를 바랍니다.

하나님 섬기기 위해서도 돈을 좇지 마십시오. 내가 나를 속이는 가장 흔한 방법입니다. 하나님, 이번에 투자만 잘되면 서로 반씩 나눠 쓰십시다, 그런 제안에 하나님은 속지 않으십니다. 이 사업, 하나님의 영광을 위해 하겠습니다 하면서 은근히 돈 버는 데 하나님을 이용하지 마십시오. 헛수고할 뿐입니다.

그래서 가장 정직한 것이 꿈을 좇는 것입니다. 돈을 좇는 것보다 훨씬 덜 피곤하고 훨씬 더 자유합니다. 그리고 나를 뒤쫓아온 돈에게는 냉정해야 합니다. 사실 헌금하고 기부하고 남을 돕는 것은 돈에 냉정해지는 훈련입니다. 그리고 궁극적으로 하나님 안에서만 자유할 수 있다는 사실을 기억하는 방법입니다.

구원받은 크리스천은 호주머니에 돈이 있건 없건 변함없이 주님을 찬양하고 기뻐하며 살아갑니다. 그것이 주님께서 우리를 부르신 목적입니다. 그런 우리를 위해 주님은 걱정하지 말라고 하십니다. 주님이 이미 세상을 이겼으니 염려하지 말라 하십니다. 크리스천은 이미 이긴 싸움을 하는 것입니다.

그러므로 돈을 좇느라 우왕좌왕하지 마십시오. 돈을 섬기지 마십시오. 나를 위해 너무 많은 돈을 쓰거나 쌓지 마십시오. 주님이 우리를 절대 굶기시지 않을 것입니다. 주님의 말씀에 순종하는 길이 가장 영광스러운 길이므로 믿음으로 주님이 가신 길을 따라가시기 바랍니다.

9

염려

날마다 걱정하는 이유   **마 6:25-34**

크리스천에게 가장 어울리지 않는 수식어가 있습니다. '이기적인 크리스천'입니다. 이기적이라는 말은 크리스천 앞에 붙이는 것이 불가능한 표현입니다. 왜 그렇습니까? 내가 죽고 내 안에 그리스도가 사는 사람이 어떻게 이기적일 수 있습니까? 또 한 가지 어울리지 않는 표현이 있습니다. '어리석은 크리스천'입니다. 내 안에 예수님이 계시는데 어떻게 어리석을 수 있습니까? 세상 사람들 눈에 어리석어 보일 수는 있겠지요. 그러나 결코 어리석지 않습니다. 세상의 지혜와 비교할 수 없이 지혜롭습니다.

예수님은 크리스천 앞에 붙일 수 없는 또 한 가지의 표현을 알려 주십니다. '걱정하는 크리스천'입니다. 그런데 실제로는 어떻습니까? 우리 안에 아무 염려가 없습니까? 정말 아무것도 걱정하지 않습니까? 때때로 그런 것 같다가도 돌발적인 사태나 위기를 만나면 순식간에 염려와 두려움에 사로잡히게 되

염려 : 날마다 걱정하는 이유

지 않습니까?

"암 판정을 받은 날 깨달았습니다. 내 안에 아무 믿음이 없다는 것을요. 정말 순식간에 두려움과 걱정에 사로잡혔습니다."

평생 누구보다 신앙생활을 바르게 해왔다고 스스로 믿었던 분의 고백입니다. 이 분만의 일입니까? 전도하기 어려운 사람 중에 암병원 의사가 있습니다. 이 분은 적지 않은 그리스도인들이 다른 종교인들보다 죽음을 더 못 받아들이는 모습에 실망했고, 특별히 목사가 더 심하거나 일반인과 크게 다르지 않은 것 때문에 기독교에 대한 실망이 컸다고 했습니다.

믿음이 있다면 내 안에서 염려가 자라는 것이 아니라 마치 타이어 공기가 조금씩 빠져나가듯 염려가 점점 줄어들어야 마땅합니다. 사실 신앙을 갖고 나서 경험하는 첫 변화가 바로 염려에서 풀려나는 것입니다.

예수님은 오늘 우리 인생과 불가분인 것처럼 여기는 이 염려의 문제에 대해 너무나 분명한 처방을 내려 주십니다. 염려가 대체 어디서 시작되는지, 이 염려를 어떻게 내 안에서 내쫓을 수 있는지, 이 염려와 영원히 결별하는 방법은 무엇인지 말씀해 주십니다.

왜 염려하는가

> 그러므로 내가 너희에게 이르노니 목숨을 위하여 무엇을 먹을까
> 무엇을 마실까 몸을 위하여 무엇을 입을까 염려하지 말라 목숨이
> 음식보다 중하지 아니하며 몸이 의복보다 중하지 아니하냐 ____
>
> **마 6:25**

영혼에 붙은 껌과 같은 이 염려는 먼저 어디서부터 시작됩니까? 살기 위해 의식주가 필요하다는 데서 출발합니다. 육신을 가진 인간은 먹고 마셔야 살고, 입어야 삽니다. 예수님은 먼저 인간의 의식주가 아무 가치도 없다, 그건 마치 쓰레기와 같은 것이다, 그렇게 말씀하시지는 않습니다.

의식주는 중요합니다. 그러나 그게 먼저가 아니고 그게 더 중요한 게 아니기 때문에 그것 때문에 염려하지 말라는 것입니다. 그것 때문에 걱정하는 삶을 살아서는 안 된다는 것입니다. 우리가 중요한 것부터 따진다면 목숨이나 몸이 음식이나 옷보다 더 중요하다는 것을 잘 압니다. 그래서 어쩌면 이렇게 말할 수 있을 것입니다. 목숨이나 몸이 그토록 중요하기 때문에 음식과 옷을 중요하게 여기는 것이라고요. 운동해야 건강하게 산다는 걸 모르는 사람은 없습니다. 다만 운동을 하는 사람과 알고도 하지 않는 사람이 있을 뿐이지요.

191

중요하다는 것을 아는 것과 중요하기 때문에 걱정하는 것은 다릅니다. 중요하기 때문에 모아야 하고 쌓아야 합니까? 모으고 쌓는 이유가 무엇입니까? 염려하기 때문이지요. 부족을 염려하는 것이고 안전을 염려하는 것이고 남에게 무시당하는 것을 염려하기 때문이지요. 그러나 성경을 통해 알 수 있는 것은 인간이 죄를 짓고 에덴에서 쫓겨나면서 하는 일 가운데 하나가 염려하면서 쌓는 일입니다. 인간은 에덴에서 동쪽으로 동쪽으로 가면서 먼저 에녹성을 쌓더니 창세기 11장에 이르면 바벨탑을 쌓았습니다. 내 이름을 내고자 한 것이고 내가 하나님에게까지 이르겠다는 욕망 때문입니다.

불안하면 부지불식간에 쌓습니다. 불안한 사람은 담을 쌓고 길가에도 돌무더기를 쌓고 뷔페 식당에서도 음식을 쌓아서 가져옵니다. 왜 그렇습니까? 여러 번 먹어도 괜찮은데 왜 높이 쌓아서 들고 옵니까? 내 몫에 대한 무의식적인 염려 때문입니다.

염려하는 이유 1: 작은 믿음

예수님은 말씀하시다가 손을 들어 공중에 나는 새를 가리킵니다.

공중의 새를 보라 심지도 않고 거두지도 않고 창고에 모아들이지도 아니하되 너희 하늘 아버지께서 기르시나니 너희는 이것들보다 귀하지 아니하냐 ____ 마 6:26

이 질문의 의도는 무엇입니까? 인간이 새만도 못하느냐고 묻는 것이 아닙니다. 새가 누구 때문에 날아다닙니까? 누가 기릅니까? 사람과 새 중 어느 쪽이 더 귀합니까? 사람이 더 귀한데 왜 새도 하지 않는 일을 사람이 하느냐고 묻는 것입니다. 다시 말해 새도 의식주 걱정을 하지 않는데 왜 사람이 그 걱정을 하느냐는 것입니다. 왜 짐승도 하지 않는 걱정을 사람이 하느냐는 것이지요. 그러나 다시 문제를 제기하는 사람이 있을 것입니다. "사람이니까 걱정하지요. 짐승이 무슨 걱정을 할 줄 알며 무슨 걱정할 필요가 있습니까?" 예수님은 머뭇거리지 않고 또 물으십니다.

너희 중에 누가 염려함으로 그 키를 한 자라도 더할 수 있겠느냐 ____ 마 6:27

그렇다면 염려가 무슨 긍정적인 변화를 가져옵니까? 염려는 미래에 대한 부정적인 생각입니다. 우리는 과거를 염려하지 않습니다. 지나간 일에 대해서는 염려할 수 없습니다. 이미

193

지나가 버렸기 때문입니다. 기차가 앞으로 제시간에 도착할지 못할지 염려할 수 있지만 이미 도착한 기차를 염려할 수 없습니다. 아이들이 자라는 것도 그렇습니다. 걱정해서 키가 크는 게 아니지요. 엄마가 걱정해서 생명이 잉태된 것이 아니고 아이가 부모의 염려 때문에 자란 것이 아니지요. 클 때가 되어서 크고 멈출 때가 되어서 더 이상 자라지 않는 겁니다. 중고등학생 때 얼마나 많이 먹고 자고 자랍니까? 그때는 부모가 걱정 안 해도 자라고 부모가 너무 큰다고 걱정해도 계속 자랍니다.

> 28 또 너희가 어찌 의복을 위하여 염려하느냐 들의 백합화가 어떻게 자라는가 생각하여 보라 수고도 아니하고 길쌈도 아니하느니라 29 그러나 내가 너희에게 말하노니 솔로몬의 모든 영광으로도 입은 것이 이 꽃 하나만 같지 못하였느니라 ___ 마 6:28-29

솔로몬왕이 화려하게 차려입은 옷과 들꽃의 아름다움을 비교하다니, 좀 지나쳐 보입니다. 사람들은 들꽃에 별 관심이 없으므로 자신과 비교할 생각을 하지 않습니다. 그러나 예수님은 하나님이 디자인하신 것과 사람이 디자인한 것의 차이를 보라고 하십니다.

백합화는 예수님이 살던 지역에서 흔히 피던 꽃이었습니다. 꽃은 대개 잠시 피었다가 집니다. 하루살이와 같습니다. 아침에 피었다가 저녁에 지는 들꽃 하나만큼의 아름다움에도 미치지 못하는 그 옷 때문에 왜 염려하냐는 겁니다.

오늘 있다가 내일 아궁이에 던져지는 들풀도 하나님이 이렇게 입히시거든 하물며 너희일까 보냐 믿음이 작은 자들아 _____ 마 6:30

예수님은 계속 들풀도 벌거벗은 채 버려두지 않는데 하물며 사람을 헐벗게 하겠느냐고 물으십니다. 그럼에도 인간이 걱정하는 까닭은 무엇입니까? 예수님이 그 답을 알려 주십니다. 믿음이 작기 때문입니다. 믿음이 없는 건 아닙니다. 아무 믿음도 없이 사는 사람은 없습니다. 어떤 것이건 믿음을 갖고 삽니다. 심지어 아무것도 믿어서는 안 되고 어떤 사람도 믿어서는 안 된다는 믿음도 믿음입니다.

믿음이 크면 문제가 없습니다. 믿음이 작아서 문제입니다. 우리가 걱정하고 염려하는 이유에 대한 정확한 진단입니다. 상황이 나빠서 염려하는 것이 아닙니다. 믿음이 작아서 염려하는 것입니다. 아직 닥치지도 않은 일을 놓고 왜 염려합니까? 믿음이 작기 때문입니다.

"아이구, 믿을 만해야지요. 그 사람 걱정을 어떻게 안 합니까?" 매일 늦게 들어오는 남편이 걱정이어서 어떤 아내는 이렇게 말할 수 있습니다. 밤마다 술에 취해 들어오는데 어떻게

195

걱정이 안 될 수 있습니까? 더구나 몇 차례 음주운전 사고까지
냈다면 어떻게 걱정이 안 됩니까? 맞는 반문입니다. 그러나 만
약 염려하지 않고 처음부터 대책을 세웠다면 어떻게 됐을까요?
날마다 걱정하는 대신에 일찍 귀가할 수 있는 동기부여책을 놓
고 날마다 기도하고 하루 종일 골똘히 생각했다면 어땠을까요?
무슨 변화가 있지 않았겠습니까? 염려하는 습관을 버리고 기도
하는 습관을 길렀으면 피차 관계가 달라지지 않았을까요? 염려
와 생각이 다르고, 생각과 기도도 다릅니다. 생각은 내가 나한
테 묻고 내가 답하는 것이고, 기도는 하나님께 묻고 하나님께
답을 얻는 것입니다. 의논은 사람에게 묻고 사람에게 답을 얻는
일이지만, 신앙은 성경에게 묻고 성경에서 답을 얻는 것입니다.

근원적으로 불안에서 해방되는 방법, 자유로워지는 방법
은 믿음이 커지는 것입니다. 그러므로 염려하지 않는 길은 두
가지밖에 없습니다. 상황을 바꾸든지, 믿음을 키우든지 둘 중
하나입니다. 그런데 알고 보면 이 둘은 별개가 아닙니다. 상황
을 바꾸는 가장 빠른 길도 사실 믿음입니다. 믿음으로 대응하면
반드시 상황이 바뀌게 되는 것을 경험합니다. 물론 염려로 대응
해도 상황이 바뀝니다. 다만 더 나빠지지요. 염려는 사실 더 나
빠질 것이라고 믿는 것입니다. 염려는 눈앞에 펼쳐진 지금을 염
려하는 게 아니라 이 현실이 더 나빠질 것이라고 보기 때문에
생기는 마음입니다.

염려는 단지 부정적인 관점으로 바라본 부정적인 생각입니다. 그렇게 바라보는 태도에서 비롯된 경향성입니다. 믿음은 이 경향성이라고 하는 회로를 바꾸는 것입니다. 무엇으로 바꿉니까? 모든 상황을 주관하시는 분의 말씀을 따라 내 생각의 회로를 바꿉니다.

무턱대고 믿는 것이 아닙니다. 성경은 로고스에서 출발합니다. 로고스는 로직의 바탕입니다. 인간 이성의 출발은 로고스, 말씀입니다. 하나님의 말씀을 따라 회로가 형성되면 문제가 없습니다. 이 회로는 일종의 OS(Operating System)와 같습니다. 컴퓨터가 아무리 사양이 좋고 성능이 좋아도 OS가 없으면 무용지물입니다. 윈도우가 되었건 맥이 되었건 무엇이건 이 OS가 있어야 합니다. 그러니 컴퓨터 입장에서 보면 하드웨어는 아무 지각 능력이 없습니다. 모든 지각과 인식과 행동은 소프트웨어 영역에서 일어나는 것입니다. 그런데 이 OS가 바이러스에 감염되면 제 기능을 수행하지 못하게 됩니다. 아무리 많은 소프트웨어를 깔아도 제대로 작동하지 않습니다. 그러면 바이러스를 제거하든지 아니면 이 OS를 지워 버리고 새로 깔든지 해야 합니다.

염려는 OS를 감염시키는 바이러스와 같습니다. 염려는 고장 난 믿음입니다. 염려는 회로가 망가진 믿음 체계입니다. 염려는 죄인들에게 공통적으로 발견되는 병든 사고체계입니다. 우리는 믿음으로 사물을 바라보는 법을 잊어버렸습니다. 심지어 크리스천들조차도. 믿음이 작아서는 절대로 염려에서 헤어날 수 없다고 예수님은 말씀하십니다. 그러므로 우리는 어떻게든 믿음을 키워야 합니다. 어떻게든 믿음에 붙들려야 합니다. 어떻게든 믿음의 삶을 살아야 합니다.

염려하는 이유 2: 하나님의 부재

> 31 그러므로 염려하여 이르기를 무엇을 먹을까 무엇을 마실까 무엇을 입을까 하지 말라 32 이는 다 이방인들이 구하는 것이라 너희 하늘 아버지께서 이 모든 것이 너희에게 있어야 할 줄을 아시느니라 _____ 마 6:31-32

염려하지 말아야 할 두 번째 이유가 무엇입니까? 염려는 이방인들의 습관이기 때문입니다. 염려란 하나님을 모르는 사람들의 생활방식입니다. 그들의 일상은 염려 안에서 살아가는 것입니다. 사실은 죄인들의 생활방식입니다. 죄는 분리를 가져옵니다. 죄는 먼저 하나님과 분리를 초래합니다. 하나님과 떨어지면 나타나는 첫 번째 증상이 불안입니다. 불안하면 생각이 부정적이게 됩니다. 불안하면 생각하는 것마다 염려가 됩니다. 염려는 암세포보다 빨리 자랍니다. 염려는 내 안에서 순식간에 나를 채울 만큼 자랍니다. 염려가 염려를 끝없이 낳기 때문입니다.

하나님이 안 계시면 미래가 보이지 않습니다. 빛이 없으면 미래가 어둡습니다. 믿음이 작으면 염려가 커집니다. 염려해야 내가 살아 있는 것으로 착각하는 사람들이 있습니다. 염려를 마치 취미 생활처럼 하는 사람들이 있습니다. 그 사람 곁에 있으면 염려가 전염됩니다. 입만 열면 불안한 얘기를 하기 때문에 듣다 보면 내 안에서도 염려가 자라기 시작합니다.

염려가 자라면 행동이 이상해집니다. 얼마 전 어떤 전도사가 우리나라에 곧 전쟁이 일어날 것처럼 얘기하고 다녔는데 그 말 듣고 아예 외국으로 나간 사람들이 있었습니다. 어떤 사람은 전쟁 소식을 듣고 나라를 지키겠다고 외국에 있다가도 돌아오는데 교회 다닌다는 사람들이 단체로 피난길에 올랐습니다. 웃음거리가 되었지요.

예수님은 떠나시기에 앞서 제자들에게 말씀하십니다. 아마 제자들의 얼굴에서 어두운 표정을 보셨을 것입니다.

너희는 마음에 근심하지 말라 하나님을 믿으니 또 나를 믿으라
_____ 요 14:1

갈수록 근심이 늘어나는 세상입니다. 갈수록 불안한 세상입니다. 어떻게 해야 이 불안과 걱정에서 벗어날 수 있습니

까? 예수님이 말씀하십니다. "나를 믿으라. 하나님을 믿으니 나를 믿으라." 다른 길이 없습니다. 위험을 분석하고 예측하고 관리한다고 걱정에서 벗어나는 게 아닙니다. 금융회사에서 위기관리를 담당한다는 사람을 보니까 더 많은 걱정을 하면서 살더군요. 어느 것도 100% 안심할 수 있는 것은 없습니다. 확률을 계산하듯 위험도를 계산하고 그 위험을 어떻게 피할 것인지 생각하고 사느라 고단합니다. 더구나 언제 해고될지 모른다는 염려까지 떠안고 있습니다.

예수님은 마음에 근심하지 말라, 염려하지 말라 하시는데, 무슨 대책도 없이 무작정 믿으라고만 하니 도무지 위로가 되지 않습니다. 그러나 여기서 중요한 원칙을 발견합니다. 믿음이 없으면 근심할 수밖에 없다는 것입니다. 반면에 믿음이 차오르면 근심할 수 없습니다. 왜 그럴까요? 믿음이 평안이기 때문입니다. 기도한다고 평안하지 않습니다. 믿고 기도하기 때문에 평안한 것입니다. 기도해도 평안하지 않은 것은 믿지 않기 때문입니다. 바울이 기도의 본질을 알려 줍니다.

6 아무것도 염려하지 말고 다만 모든 일에 기도와 간구로, 너희 구할 것을 감사함으로 하나님께 아뢰라 7 그리하면 모든 지각에 뛰어난 하나님의 평강이 그리스도 예수 안에서 너희 마음과 생각을 지키시리라 _____ 빌 4:6-7

마음과 생각을 지켜야 염려나 불안에서 벗어난다고 합니다. 내 생각으로 하루 종일 생각해 봐야 불안이고 염려일 뿐입니다. 그러므로 내 생각을 압도하는 예수님의 생각으로 들어가야 합니다. 어떻게 들어갑니까? 예수님이 내 안에 거하시면 됩니다. 이것이 믿음의 능력이요 믿음의 증거입니다.

기도가 응답되지 않았는데 감사할 수 있습니까? 있습니다. 믿음 때문에 감사할 수 있습니다. 믿음으로 나아갔고 믿음으로 기도했고 믿음으로 이미 이뤄진 일을 보기 때문입니다. 이때 벌써 기쁨을 맛봅니다. 상황은 아무것도 달라진 것이 없는데 기쁨이 있습니다. 하박국 선지자가 고백한 기쁨이 이 기쁨입니다. 그는 이스라엘이 하나님의 심판을 받아 곧 망한다는 걸 알았습니다. 얼마나 두려운 일입니까? 전쟁으로 끔찍하게 변한 예루살렘의 모습이 눈앞에 현실로 다가옵니다. 그러나 그가 마지막에 발견한 것은 하나님의 선하심과 회복에 대한 소망입니다. 그는 아름다운 고백을 남깁니다.

17 비록 무화과나무가 무성하지 못하며 포도나무에 열매가 없으며 감람나무에 소출이 없으며 밭에 먹을 것이 없으며 우리에 양이 없으며 외양간에 소가 없을지라도 18 나는 여호와로 말미암아 즐거워하며 나의 구원의 하나님으로 말미암아 기뻐하리로다 ____

합 3:17-18

하나님 때문에 즐겁습니다. 하나님의 성품 때문에 기뻐합니다. 내 형편과 처지 때문이 아닙니다. 하나님이 누구신지를 알기 때문에 더 이상 걱정하지 않습니다. 아버지가 능력 있다는 것을 알면 자녀는 걱정하지 않습니다. 비록 야단치신다고 해도 부모가 마음을 돌이킬 것이라는 사실을 압니다. 그래서 야단을 맞아도 걱정하지 않습니다. 하나님은 구원의 하나님입니다. 심판은 언제나 구원을 위한 메시지입니다. 하박국 선지자가 그걸 깨달았습니다. 그의 마음에 있던 근심과 걱정, 염려의 구름이 한순간에 걷히고 찬란한 하나님의 빛을 봅니다.

바울이 로마 감옥에서 빌립보 교회 성도들에게 항상 기뻐하라고 편지를 씁니다.

주 안에서 항상 기뻐하라 내가 다시 말하노니 기뻐하라 _____ 빌 4:4

그가 기쁘지 않은데 이런 편지를 썼겠습니까? 그가 감옥에서 우울한 표정으로 이 편지를 썼겠습니까? 참 신기한 일이지요. 감옥에 있어도 감옥 밖에 있는 사람보다 기뻐하는 사람이 있고, 세상에서 자유롭게 다녀도 감옥에 있는 사람보다 더 갇히고 묶여 사는 사람이 있습니다. 바울은 비록 감옥 안에 있었지만 동시에 주 안에 있었기 때문에 염려로부터 자유로웠고 염려가 자신을 침범할 수 없기에 솟아나는 기쁨이 흘러넘쳐서 이런 편지를 쓸 수 있었습니다.

저는 가끔 얼굴과 전신에 심한 화상을 입고 여전히 힘든 시간을 보내고 있는 이지선 자매가 생각납니다. 자매의 얼굴은 언제 보아도 웃고 있습니다. 기쁨의 미소가 떠나지 않습니다. 악몽처럼 거듭된 수술 얘기를 할 때도 기쁨의 표정이 떠나지 않습니다. 자매의 존재 자체가 많은 사람에게 얼마나 위로와 평안이 되는지 모릅니다. 자매는 고통을 이겨 낸 비밀을 말해 주었습니다. "예수님의 십자가를 생각합니다. 십자가의 끔찍한 고통 안에 제 모든 위로가 있습니다."

바울은 데살로니가 교회에 편지할 때도 충만한 기쁨으로 이렇게 말하고 있습니다.

> 16 항상 기뻐하라 17 쉬지 말고 기도하라 18 범사에 감사하라 이
> 것이 그리스도 예수 안에서 너희를 향하신 하나님의 뜻이니라
> _____ 살전 5:16-18

염려하면 이 세 가지가 다 안 됩니다. 바울이 염려에서 벗어났기 때문에 염려에서 벗어난 상태가 어떤 것인지를 알려 주고 있습니다. 내가 염려하지 않고 있다면 자연스럽게 기쁨이 있고, 마음속에서 끊임없이 감사가 솟아오르며, 쉴 새 없이 아버지께 감사와 기쁨을 돌려드리게 됩니다. 곧 가장 깊은 기도를

염려 : 날마다 걱정하는 이유

드리게 되는 것입니다.

염려하는 이유 3: 나를 추구함

> 그런즉 너희는 먼저 그의 나라와 그의 의를 구하라 그리하면 이
> 모든 것을 너희에게 더하시리라 ____ 마 6:33

왜 염려합니까? 세 번째 이유는 내 나라를 갈망하기 때문입니다. 염려하지 않고 믿음으로 사는 사람들의 삶의 방식은 어떤 것입니까? 먼저 하나님 나라와 의를 구하며 삽니다. 그러면 염려하는 사람들의 삶의 방식은 어떤 것입니까? 먼저 내 나라와 내 의를 구하며 살아갑니다. 내 나라, 내 뜻, 내 야망, 내 소유를 구하며 살기 때문에 늘 불안하고 염려가 됩니다. 나의 도덕적, 윤리적 기준을 고집하기 때문에 염려가 많습니다. 걱정이 많습니다. 짜증이 많습니다. 결과적으로 분노가 많습니다. 악순환입니다. 나를 추구하면 염려에서 벗어날 수 없습니다. 인간은 죽을 수밖에 없는 유한한 존재이기 때문에 나를 추구해서는 염려에서 벗어날 수 없습니다. 그러므로 염려에서 벗어나고 싶다면 가장 먼저 나를 추구하는 궤도에서 벗어나야 합니다.

예수님은 나를 추구하는 궤도에서 벗어나는 방법을 분명

하게 말씀해 주십니다. '먼저 하나님 나라를 생각하고 하나님과 바른 관계를 세우라'입니다. 그리스도인이 어리석을 수가 없고 예수님을 거부하는 사람이 지혜로울 수 없는 까닭이 여기에 있습니다. 지혜란 할 일 먼저 하고 나중에 할 일은 나중에 하는 것입니다. 급한 일이 중요한 일이 아닙니다. 많은 사람이 급한 일 먼저 하다가 정작 중요한 일은 제대로 못하며 살아갑니다. 내일은 다 급한 일 같고 중요한 일 같기 때문입니다. 임종을 앞두면 가장 중요한 일이 무엇인지 알게 됩니다. 내가 왜 더 사랑하지 못했나, 내가 왜 용서하지 못했나, 사랑하고 용서하는 것이 가장 중요한 일이었음을 알게 됩니다. 하나님을 아는 일, 주님을 온 마음을 다해 사랑하고 따르는 일, 이웃을 용서하는 일, 무엇보다 이게 중요한 일입니다. 이 중요한 일을 하면 염려가 생기지 않습니다. 순서를 바로잡으면 염려에서 벗어나게 됩니다.

예수님은 우리가 먼저 하나님 나라를 구하고 하나님과 관계를 바르게 정립하면 나머지는 책임져 주겠다고 약속하십니다. 하나님을 제일 먼저 기억하고 생각하고 하나님의 뜻을 먼저 분별하고 결단하면 나머지는 내가 구하지 않아도 얻게 된다는 것입니다. 믿음이란 이것을 믿는 것입니다.

하나님 아버지는 자녀의 필요를 모르는 분이 아닙니다. 그 필요를 알고도 외면하는 분이 아닙니다. 그렇다면 오늘 내가 처한 상황은 내가 이해하건 아니건 최선의 상황입니다. 있으면

염려 : 날마다 걱정하는 이유

있는 대로 없으면 없는 대로, 건강하면 건강한 대로 병약하면 병약한 대로 그것이 최선입니다. 최선의 상태에 있는데 왜 염려합니까? 차선이라야 불만이고 걱정이지 최선인데 뭐가 불만이고 뭐가 걱정입니까? 그래서 중요한 지혜를 얻게 됩니다. 힘들고 어렵고 이해가 되지 않아도 최선을 구하면 차선은 따라오지만 차선을 구하면 최선과는 멀어진다는 것입니다.

> 그러므로 내일 일을 위하여 염려하지 말라 내일 일은 내일이 염려할 것이요 한 날의 괴로움은 그날로 족하니라 ___ 마 6:34

예수님은 우리 인생에 괴로움이 많다는 것을 아십니다. 우리 짐이 무겁다는 것도 아십니다. 그래서 수고하고 무거운 짐을 다 내려놓으라고 하십니다. 짐 중에 제일 무거운 짐이 어떤 짐입니까? 염려라는 짐 아닙니까? 그 염려가 지금 눈앞에 있는 것이 아니라 내일과 모레, 다음 달과 다음 해에 있는 일들 아닙니까? 예수님은 지금 우리에게 묻고 계십니다.

내일이라는 시간이 네 것이냐? 내일이라는 시간에 네가 여기 있을 것이라는 믿음은 대체 어디서 비롯된 것이냐? 내년에 네가 여전히 이 일을 하고 있을 것이라는 믿음은 대체 누가 심어 준 것이냐? 아무것도 네게 보장된 것은 없다. 그러니 내일 일을 위해 염려하지 말아라. 내일 일은 내일이 염려할 것이다.

하나님이 이렇게 말씀하고 계십니다. "내일 일은 네 일이 아니라 내 일이다. 네 소관이 아니다." 걱정은 출발부터 잘못되었다는 사인입니다. 걱정은 씨앗 사이에서 가장 먼저 자라나는 독초와 같습니다. 이 독초가 퍼져 나가면 수확을 망칩니다.

6년 전쯤 소천한 강남세브란스병원의 이희대 선생의 마지막 생애는 우리에게 커다란 감동을 안겨 줍니다. 암 전문의인 그는 자신도 암으로 고통 받았지만 지치지 않고 희망의 메시지를 전했습니다. 그의 초청으로 암환자들과 가족들이 함께 드리는 예배에 몇 차례 참석했는데, 예배가 얼마나 진실하고 거룩했는지 모릅니다. 상황은 가장 어려운 분들인데 그들이 드리는 예배에는 기쁨이 있고 믿음이 있고 소망이 있었습니다.

예수님은 걱정거리가 가득한 세상에서 걱정 말라고 하십니다. 신앙의 풍성함을 앗아 가는 염려부터 제거해야 바른 신앙을 가질 수 있기 때문입니다. 염려가 뿌리내리기 전에, 걱정의 뿌리가 깊어지기 전에, 그 뿌리가 사방으로 뻗어 곁에서 자라야 할 작물의 뿌리를 망쳐 놓기 전에, 염려라는 독초의 뿌리를 뽑아야 합니다.

하나님을 믿습니까? 그 믿음이 날마다 커지고 있습니까? 그래서 염려가 날마다 작아지고 있습니까? 그렇다면 제대로 가고 있는 것입니다.

염려 : 날마다 걱정하는 이유

10

비판

왜 남을 쉽게 비판하나?	마 7:1-6

'사람은 좀처럼 변하지 않는다'가 모든 사람의 신념이 된 것 같습니다. 좀 변했나 싶다가도 시간이 지나고 보면 제자리로 돌아가 있습니다. 오랜만에 동창생을 만나면 나이 들어 얼굴은 변했어도 말투나 행동은 예전과 달라진 게 없어서 놀라곤 합니다. 신앙도 그럴 수 있습니다. 처음엔 어떻게 저렇게 달라질 수 있나 싶은데 10년, 20년 지나고 보면 언제 그런 때가 있었나 싶을 만큼 되돌아가 있습니다. 왜 그럴까요? 세상의 중력 때문입니다. 세상의 중력은 어떤 신앙인도 다시 세상으로 사로잡아 올 수 있을 만큼 강력합니다.

예수님은 우리의 신앙이 왜 쑥쑥 자라지 못하고 제자리걸음이거나 되돌이표가 되는지 알려 주십니다. 첫째가 재물 때문이고, 다음이 불안 때문입니다. 염려와 걱정이지요. 그리고 마지막으로 비판하는 마음 때문입니다. 오늘날 우리는 너무 많은 비판 속에서 살기 때문에 비판이 어째서 잘못이냐고 할지도

비판 : 왜 남을 쉽게 비판하나?

모르겠습니다. 우리 사회에서 이성적인 비판 없이 개선될 수 있는 것이 대체 뭐가 있느냐고 물을지도 모르겠습니다. 그런데 보십시오. 어딜 가나 비판을 하고 누구든지 비판의 목소리를 높이는데 그 결과는 어떻습니까? 비판이 비난이 되고 심지어 고발과 고소를 하는 지경까지 가지 않습니까? 그 많은 비판과 비난에도 불구하고 또 그토록 끝이 없는 법적 분쟁과 시비에도 불구하고 우리 사회가 더 안정되고 갈등이 줄어든 조짐은 보이지 않습니다.

비판이란 무엇입니까? 옳고 그름을 판단하고 잘못을 지적하는 것이지요. 분별과 판단이 잘못된 것은 아닙니다. 사실 사물을 판단하는 것이야말로 생존의 조건입니다. 한겨울에 날씨가 추우니까 두꺼운 옷을 입어야겠다고 판단할 줄 모른다면 동사할지도 모릅니다. 하지만 성경은 분별과 판단을 근거로 그 사람을 옳다 그르다 하는 것, 즉 비판하는 것이 죄라고 알려 줍니다. 한겨울에 반팔을 입고 다니는 저 사람은 문제가 있다, 잘못됐다라고 비판하는 것이 죄입니다. 사람을 볼 때마다 첫눈에 생김새가 마음에 들지 않는다고 판단하고 동시에 그것을 비판하는 것이 죄입니다. 옷차림이 마음에 들지 않는다고 비판하는 것이 죄입니다. 누군가의 표정이 마음에 걸린다고 비판하는 것이 죄입니다.

아담과 하와가 선과 악을 알게 하는 나무의 과실을 먹고 나서 생긴 현상이 비판입니다. 이 현상이 얼마나 심각했으면 대홍수로 심판하셨겠습니까? 이 죄악이 얼마나 심각했으면 예수님이 십자가를 지셔야 했겠습니까? 인간의 판단이 비판으로 넘어가면 인간은 순식간에 이 세상을 지옥으로 만듭니다. 이념의 광기란 무엇입니까? 파시즘이나 공산주의가 왜 문제입니까? 인간의 생각과 이념을 절대선으로 놓고 유대인을 악으로 규정하고 부르주아를 적으로 규정한 것 아닙니까?

우리가 비판하는 이유

> 어찌하여 형제의 눈 속에 있는 티는 보고 네 눈 속에 있는 들보는
> 깨닫지 못하느냐 _____ 마 7:3

예수님은 우리 인간이 왜 비판한다고 말씀하십니까? 남의 눈 속에 있는 티는 보고 내 눈에 있는 들보를 못 보기 때문입니다. 비판하는 사람의 특징입니다. 내가 왜 남을 비판합니까? 내가 얼마나 흠이 많은지를 모르기 때문입니다. 내가 왜 남의 작은 결점까지 들추어내서 비판합니까? 내 잘못은 작게 여기고 남의 잘못은 크게 여기는 이중 잣대를 들이대기 때문입니다. 예수님의 이 말씀은 또한 내 잘못은 들보처럼 보아야 하고 남의

211

잘못은 티 정도로 보아야 한다는 뜻이기도 합니다. 나를 성찰하는 사람들의 특징은 언제나 내 잘못에 민감합니다. 내 실수와 허물은 부끄럽게 여기고 남의 실수와 허물은 덮어 줍니다. 비난하는 사람의 특징은 반대지요. 남의 허물은 작은 것까지도 들추어내고 내 잘못, 심지어 내가 좋아하는 사람의 잘못은 아무리 커도 못 본 체합니다.

예수님은 남을 비난하는 사람들을 통칭해서 위선자라고 부릅니다. 왜 남을 쉽게 비판합니까? 위선자라서 그렇다는 것입니다. 내 잘못이 들보 정도 크기인데 남의 티보다 작게 여기고 사는 삶의 태도가 바로 위선이라는 것입니다. 예수님은 지금 누구를 염두에 두고 말씀하십니까? 당시 바리새인들이지요. 대제사장과 같은 전문 종교인들이지요. 그들은 실제 위세가 대단한 사람들이었습니다. 율법을 세분해서 규정하고 그 율법을 지켜 내느라 죽을힘을 다하는 구별된 사람들이었습니다. 자기 스스로 구별했습니다. 그러다 지쳐서 못 지키면 어떻게 합니까? 지키고 있는 척하지요. 이게 위선입니다.

더 심각한 문제는 나를 구별하겠다고 애쓰고, 내가 그렇게 구별되었다고 믿고, 다른 사람과 구별된 데서 비롯된 의식과 태도가 차별로 드러난다는 것입니다. 바리새인들의 구별된 삶은 일면 본받을 만합니다. 바벨론 포로 생활에서 돌아와 이제는 정말 제대로 신앙생활 해보겠다고 결단하고 말씀대로 살기 위해 몸부림친 사람들입니다. 신앙생활 대충하겠다는 사람들과 비교하면 존경할 만한 구석이 많습니다. 그렇게 결단했으면 그렇게 살면 됩니다. 그렇게 못 사는 사람 돕고 살면 됩니다. 그렇게 못 사는 사람 품고 살면 됩니다. 그렇게 못 사는 사람 위해서 기도하고 살면 됩니다. 그런데 그게 잘 안 됩니다. 시간이 지나면서 너는 왜 이렇게 안 사느냐고 비판하고 비난하기 시작합니다.

인간이 어쩔 수 없이 다르다는 것을 용납하지 못하고 어리석게도 그 다르다는 사실을 차별의 근거로 삼습니다. 흑백 분규의 출발은 무엇입니까? 백인이 흑인더러 너는 왜 피부가 검은색이냐는 것 아닙니까? 인종차별이 왜 심각한 문제입니까? 한국인이 한국말 쓰는 것은 너무나 당연하지만 일본인더러 당신 왜 한국말을 쓰지 않느냐고 비난하는 것은 차별입니다. 중국인들이 전 세계 어디를 가나 차이나타운을 만들어 정착해 살고 있는데 우리나라에서만큼은 그렇지 못했습니다. 우리가 얼마나 배척하고 차별했으면 그랬겠습니까?

죄인은 다름을 차별의 근거로 삼습니다. 그리고 그처럼 차별하다가 위선 덩어리가 되어 버립니다.

비판 : 왜 남을 쉽게 비판하나?

하나님만 판단하실 수 있다

10 두 사람이 기도하러 성전에 올라가니 하나는 바리새인이요 하나는 세리라 11 바리새인은 서서 따로 기도하여 이르되 하나님이여 나는 다른 사람들 곧 토색, 불의, 간음을 하는 자들과 같지 아니하고 이 세리와도 같지 아니함을 감사하나이다 12 나는 이레에 두 번씩 금식하고 또 소득의 십일조를 드리나이다 하고 13 세리는 멀리 서서 감히 눈을 들어 하늘을 쳐다보지도 못하고 다만 가슴을 치며 이르되 하나님이여 불쌍히 여기소서 나는 죄인이로소이다 하였느니라 ____눅 18:10-13

먼저 바리새인은 사람들과 섞이지 않고 따로 서서 기도합니다. 그의 기도 내용은 감사입니다. 그런데 그 감사의 내용이 세리처럼 불의하지 않고 그들과 다르기 때문입니다. 종교생활도 그들처럼 무절제하지 않고 일주일에 두 번씩 금식하고 십일조 생활을 하고 있어서 감사하다고 말합니다. 좀처럼 법도에 어긋나지 않는 자신이 여간 대견하지 않습니다.

반면에 세리는 어떻게 기도합니까? 성전 입구 먼 곳에서 머리를 들지 못합니다. 하늘을 바라보지도 못하고 그냥 고개를 숙인 채 자기 가슴을 칩니다. 그리고 한마디 절규하듯 기도합니다. "하나님이여 나를 불쌍히 여겨 주소서! 나는 죄인입니다."

무엇이 성숙인가   **214**

세리는 자신이 죄인임을 너무 잘 압니다. 그가 하나님 앞에 나온 것은 하나님의 긍휼을 입기 위해서일 따름입니다. 복 달라고 할 체면도 없습니다. 이 세리는 자기 눈에 들보가 있다는 사실을 너무나 잘 압니다.

> 내가 너희에게 이르노니 이에 저 바리새인이 아니고 이 사람이 의롭다 하심을 받고 그의 집으로 내려갔느니라 무릇 자기를 높이는 자는 낮아지고 자기를 낮추는 자는 높아지리라 하시니라
>
> ＿＿눅 18:14

하나님의 평가를 보십시오. 하나님이 누구를 의롭다 하십니까? 철저한 종교생활을 하고 있는 바리새인입니까, 아무것도 내세울 것이 없어 고개만 잠시 숙였다가 짧게 기도하고 떠난 세리입니까? 세상 사람들은 당연히 바리새인이 더 의롭다고 생각합니다. 하지만 하나님은 세상 사람들의 생각과 정반대로 불의한 세리가 더 의롭다고 하십니다. 동의하십니까? 이게 보통 심각한 일이 아닙니다. 교회 잘 다니는 사람이 의롭습니까? 아니면 교회도 잘 안 다니고 헌금도 잘 안 하는데 어쩌다 한 번씩 와서는 울고 가는 사람이 의롭습니까? 우리가 판단해 봐야 소용없습니다.

그러면 하나님은 왜 세리가 의롭다 하십니까? 자기를 낮

비판 : 왜 남을 쉽게 비판하나?

추었기 때문입니다. 겸손했기 때문입니다. 아니 세리가 어떻게 겸손할 수 있습니까? 그를 아는 누구도 그를 겸손하다고 생각하지 않았습니다. 매국노 취급을 했습니다. 동족의 피를 갈취하는 악당으로 여겼고 교만의 극치로 보았습니다. 그런데 어떻게 세리가 겸손하다는 겁니까?

하나님이 인정하는 겸손이란 하나님 앞에서 내가 죄인임을 인정하는 태도를 말합니다. 바리새인은 하나님의 율법을 누구보다 잘 지키고 있다는 자랑과 사람들 앞에서 율법을 더 잘 지키는 것처럼 보이겠다는 위선 때문에 그리고 그 자랑과 위선이 낳은 교만 때문에 낙제 점수를 받은 것입니다.

그때나 지금이나 종교인, 종교 전문가들을 조심해야 합니다. 그때나 지금이나 가르치는 사람들을 조심하십시오. 또 남을 끝없이 판단하고 그걸로 모자라 비판하고 비난하는 사람들을 조심하십시오. 특히 목소리 크고 말 많은 사람을 조심하십시오. 위선과 교만이 남다를 가능성이 매우 큰 사람입니다. 그러나 실은 직업과 상관없이 지금 남을 비판하고 있다면 나는 위선자라는 것을 스스로 광고하고 있는 줄 알아야 합니다. 사람들이 저 사람 겸손하다고 말해도 속지 마십시오. 사람들이 저 사람 교만하다고 말해도 속지 마십시오. 그 사람들 생각일 뿐이고 그 사람들 판단일 뿐입니다. 겸손한지 아닌지는 하나님만 아십니다. 그래서 사람을 섣불리 판단하는 것이야말로 죄 중의 죄입니다.

언론인 시절에 저는 스스로를 비판 전문가로 여겼습니다. 한눈에 사람의 결점과 상황의 문제점을 파악하는 능력이 탁월한 줄 알았습니다. 누구를 만나도 결점이 먼저 보이고 어디를 가도 문제점이 먼저 보였습니다. 문제점을 조목조목 발견하고 나열하는 게 제 일이었습니다. 그런데 예수님을 알고 나서 제가 참 어이없이 살았다는 걸 알았습니다. 제가 탁월한 안목을 가져서 늘 비판한 것이 아니라 제 눈의 들보가 안 보이고 남의 티가 잘 보여서 그랬을 뿐이라는 것을 깨닫게 되었습니다. 정말 제 안을 들여다보니 썩을 대로 썩어 있고, 그야말로 회칠한 무덤이었습니다. 그리고 남 이야기 잘 안 하는 사람들은 안 보여서 얘기 안 하는 게 아니라 보여도 안 한 것이고, 그 결점 가려 주느라 침묵한 것임을 알았습니다. 한마디로 성숙한 사람들입니다.

> 4 보라 네 눈 속에 들보가 있는데 어찌하여 형제에게 말하기를 나로 네 눈 속에 있는 티를 빼게 하라 하겠느냐 5 외식하는 자여 먼저 네 눈 속에서 들보를 빼어라 그 후에야 밝히 보고 형제의 눈 속에서 티를 빼리라 ____ 마 7:4-5

겸손한 사람은 결코 남의 눈 속에 있는 티를 빼라고 목청을 높이지 않습니다. 내 눈 속에 있는 들보를 분명히 알기 때문입니다.

217

형제들아 서로 비방하지 말라 형제를 비방하는 자나 형제를 판
단하는 자는 곧 율법을 비방하고 율법을 판단하는 것이라 네가
만일 율법을 판단하면 율법의 준행자가 아니요 재판관이로다
_____약 4:11

야고보가 철들고 깨달은 것입니다. 그는 형님 예수에게
이렇게 충고했던 사람입니다. "형님, 갈릴리에서 이럴 것이 아
니라 이번 명절에는 예루살렘에 일찍 올라가서 자신을 좀 소개
하고 알리세요. 시간을 왜 이러고 보내세요."

그는 예수님의 때를 자기 생각으로 판단했습니다. 그러나
야고보는 예수님이 누구신지를 알고 나서 기도의 사람이 되었
고 예루살렘 교회의 지도자가 되었습니다. 그리고 이제 말합니
다. "서로 비난하지 마세요. 비난하는 것은 하나님 말씀을 당신
이 판단하는 것입니다. 말씀을 스스로 판단하면 하나님 자리에
올라간 것입니다. 대체 당신이 무엇이건대 이웃을 판단합니까?"

우리가 섣불리 이웃을 판단할 수 없는 것은 그 사람을 다
알 수 없기 때문입니다. 어떤 사람은 말합니다. "나는 한눈에 보
면 그 사람 압니다." 이게 교만입니다. 이게 죄 중의 죄입니다.
하나님 외에 누가 사람을 안다고 할 수 있습니까? 한 사람은 단
순히 한 사람이 아닙니다. 그 사람이 관계 맺고 있는 모든 관계
의 합이고 결과입니다. 그 사람이 그렇게 말할 수밖에 없는 이

유, 그 사람이 그렇게 생각하고 살 수밖에 없는 이유, 그 사람이 지금 그렇게 행동할 수밖에 없는 이유가 있습니다. 우리는 어느 누구도 속속들이 다 알 수 없습니다.

인디언 속담에 그 사람을 알려면 그의 신발을 신고 오 리를 걸어 보라고 합니다. 사람은 남의 신발 신고 오래 못 걷습니다. 그 사람으로 살지 않으면 그 사람을 알 수 없습니다. 그 사람과 같은 환경에서 지내 보지 않으면 죽었다 살아도 그 사람을 제대로 알 수 없습니다. 인디언의 어느 부족은 친구 집을 방문하면 아무 말 없이 친구가 생활하는 것을 물끄러미 지켜보다가 말없이 돌아간다고 합니다. 그들에게 친구란 그 사람의 삶을 있는 그대로 지켜볼 수 있는 관계를 말합니다. 그렇습니다. 왜 그렇게 살고 있는지를 알게 되면 비판하지 않겠지요.

제가 특파원 시절에 일과 상관없는 얘기를 많이 하는 버릇이 생겼습니다. 지사에 딱 네 명 근무했는데 어떤 날은 서로 한마디도 제대로 나누지 않고 퇴근을 했습니다. 일과 관련된 얘기 몇 마디 하는 것 외에는 대화가 없는 겁니다. 그런데 시간이 지날수록 오해가 쌓였습니다. 뭐가 기분이 나빠서 저렇게 시무룩하나, 왜 내가 묻는 말에 바로 답하지 않고 꾸물대나, 그러다가 점차 지가 뭔데 나를 무시하나… 이런 생각들로 옮겨가는 겁니다. 그래서 제가 먼저 얘기를 꺼내기 시작했습니다. 아침에 나오다가 회사에서 전화를 받았는데 정말 불쾌한 얘기를 들었다, 기분이 참 언짢았다, 이런 식으로 내 상태를 알려 주었습니다. 오늘 내가 입을 좀 닫고 있어도 너 때문이 아니고 내 표정이 좀 딱딱해도 당신 때문이 아니라는 메시지를 주고 싶었던 겁니다.

사람은 말 안 하면 잘 모릅니다. 말 없는 사람이 때로 오해 잘하는 사람일 수 있습니다. 자기 생각에 빠져 있는 사람도 마찬가지입니다. 척 보면 안다는 사람도 위태롭습니다. 자기 주장이나 편견이 강하다는 뜻입니다. 물론 말해도 잘 모릅니다. 그러나 적절한 말은 오해를 줄입니다. 진심을 나누는 대화는 다툼을 줄일 수 있습니다. 대화 안 해도 그만이라는 것이 교만이고, 상대방 얘기를 경청하는 것이야말로 겸손입니다.

남에게 비판 받지 않는 길

비판하지 말아야 할 가장 중요한 이유는 비판하는 동안에는 사랑할 수 없기 때문입니다. 사랑은 무장해제이자 비판 중지입니다. 사랑은 내가 먼저 가드를 내리는 것입니다. 미국에 왜 악수 문화가 생긴 줄 아십니까? 총기 소유가 자유로운 나라여서 먼저 내가 빈손이라는 것을 알리는 것이 급선무였기 때문입니다. 지금이야 가장 흔한 인사법이 되었지만 친밀하다는 것,

사랑한다는 것은 내가 그 사람 앞에서 무장하지 않고 있다는 것입니다. 그러니 상대방도 무장하게 만들지 마십시오. 자녀들을 사랑한다는 것은 자녀들이 보호 받고 있다는 느낌을 받도록 하는 것입니다. 비판하고 공격하면 사람들은 본능적으로 방어기제가 작동해서 한순간에 담을 쌓습니다. 순식간에 공격 모드로 돌변합니다.

> 1 비판을 받지 아니하려거든 비판하지 말라 2 너희가 비판하는 그 비판으로 너희가 비판을 받을 것이요 너희가 헤아리는 그 헤아림으로 너희가 헤아림을 받을 것이니라 _____ **마 7:1-2**

예수님은 서두에 결론부터 말씀하셨습니다. 남에게 비판 받지 않는 길은 먼저 비판하지 않는 것입니다. 내가 비판하면 바로 그 기준으로 비판을 받게 될 것이고, 내가 사람을 헤아리면 그 헤아림의 잣대로 나도 헤아림을 받게 된다는 것이지요.

셰익스피어가 이 말씀으로 희곡을 한 편 썼습니다. 《자에는 자로》(Measure for Measure)입니다. 엄격한 귀족 영주 안젤로가 불륜으로 아이를 낳은 클라우디오에게 사형을 선고하자, 그의 여동생 이사벨라가 사면을 탄원합니다. 이 탄원서를 톰 라이트(Tom Wright)가 《모든 사람을 위한 마태복음》에서 다시 인용합니다.

비판 : 왜 남을 쉽게 비판하나?

"누구나 한때는 잃어버린 영혼이지 않았습니까? 그런데 그 모든 것을 가장 잘 아시는 그분이 치료책을 찾아내셨지요. 만약 그분이, 심판대의 가장 정점에 계신 그분이 당신을 있는 모습 그대로 심판하신다면 어떻겠습니까? 그것을 생각해 보십시오. 그러면 자비가 당신의 숨결을 통해 흘러나올 것입니다. 마치 새로 지어진 사람처럼 말입니다."

이 탄원서를 무시하고 사형을 선언한 안젤로는 이사벨라를 향한 욕정에 사로잡혀서 오빠인 클라우디오의 목숨을 놓고 추한 속셈을 드러내며 유혹합니다. 이로써 겉으로는 엄격하지만 그 내부는 클라우디오와 다를 바 없는 안젤로의 본모습이 드러납니다. 하나님의 심판을 피할 수 없는 죄인인 것입니다. 단지 희곡 속의 얘기일 뿐입니까? 각종 종교단체에서 터져 나오는 성직자들의 성적 추문은 바로 이 얘기 아닙니까? 사람들은 다른 사람에게서 자기가 저지르고 있는 동일한 죄를 발견할 때면 흥분합니다.

매일 사랑의 씨앗을 심으라

사도 바울도 우리가 이 비판에서 벗어날 수 없음을 알려 줍니다.

그러므로 남을 판단하는 사람아, 누구를 막론하고 네가 핑계하지
못할 것은 남을 판단하는 것으로 네가 너를 정죄함이니 판단하는
네가 같은 일을 행함이니라 ____롬 2:1

여기서 '판단'이라고 번역된 단어는 비판과 같은 뜻입니
다. 우리가 세상 것에 목마르는 동안은 세상에 대한 비판에서
자유롭지 않습니다. 우리가 부족감에 시달리는 동안에는 다른
사람들의 여유에 대해 비판의 날을 거두지 못합니다. 사실 더
깊이 들어가 보면 내 안에 사랑이 없기 때문에 끊임없이 비판하
고 있는 것이지요. 이해인 수녀의 〈내 속에 사랑이 없었기 때문
입니다〉는 참 솔직한 고백의 시입니다.

내 마음이 메마를 때면
나는 늘
남을 보았습니다
남이 나를 메마르게 하는 줄
알았기 때문입니다

그러나, 이제 보니
메마르고 차가운 것은
남 때문이 아니라

비판 : 왜 남을 쉽게 비판하나?

내 속에 사랑이 없었기 때문입니다

내 마음이 불안할 때면

나는 늘

남을 보았습니다

남이 나를 불안하게 하는 줄

알았기 때문입니다

그러나, 이제 보니

내가 불안하고 답답한 것은

남 때문이 아니라

내 속에 사랑이 없었기 때문입니다

중략

나에게

일어나는 모든 부정적인 일들이

남 때문이 아니라

내 마음에

사랑이 없었기 때문이라는 것을 알게 된,

오늘

나는

내 마음 밭에

'사랑'이라는 이름의

씨앗 하나를 떨어뜨려 봅니다

어떻게 비판하면서 살지 않을 수 있습니까? 날마다 내 마음 밭에 사랑이라는 씨앗, 믿음이라는 씨앗, 소망이라는 씨앗을 심으며 사는 것이지요.

> 거룩한 것을 개에게 주지 말며 너희 진주를 돼지 앞에 던지지 말라 그들이 그것을 발로 밟고 돌이켜 너희를 찢어 상하게 할까 염려하라 ___ 마 7:6

비판과 결별하라는 것이 아닙니다. 하나님 나라의 복음을 이해하지 못하는 사람들에게 그걸 설명하려 들지 말라는 것이지요. 복음을 전할 때 신중한 분별과 판단이 필요하다는 것입니다. 바울과 바나바도 유대인들을 비판하고 이방인에게로 간 것이 아닙니다.

> 바울과 바나바가 담대히 말하여 이르되 하나님의 말씀을 마땅히 먼저 너희에게 전할 것이로되 너희가 그것을 버리고 영생을 얻기

225

에 합당하지 않은 자로 자처하기로 우리가 이방인에게로 향하노
라 ＿＿ **행 13:46**

사랑은 분별을 뛰어넘는 분별입니다. 비판은 사랑이 없
는 판단입니다. 더구나 비판은 인간의 한계와 죄성에서 자라난
독초와 같습니다. 그 독은 먼저 나를 중독시킵니다. 내가 말라
갑니다. 내가 죽어 갑니다. 비판을 계속해 보십시오. 내가 시들
고 관계가 시들고 결국 파탄이 납니다. 교회가 잘못됐다고 비판
하지 마십시오. 비판이 능사가 아닙니다. 만일 열심히 사는 동
안 비판할 일이 생긴다면, 우리가 비판하는 그대로 살지 않으
면 됩니다. 우리가 비판하는 그 사람을 도우라고 주신 마음으로
생각하고 그들을 품고 기도하면 됩니다. 섬기면 됩니다. 비판의
제목이 우리의 기도 제목인 줄 알고 섬기면 됩니다.

저는 사실 기독교 비판하다가 여기까지 왔습니다. 제가
기독교를 큰 그림으로 보고 나서 처음 든 생각이 '이거 큰일났
구나'였습니다. 어린아이도 다 아는 벌거벗은 임금님을 교회만
모른 체하고 있었기 때문입니다. 위선적인 교회와 크리스천으
로 인해 예수님이 싸구려 취급당하는 게 너무 화가 나고 억울해
서 제가 여기까지 왔습니다.

정말 예수님을 사랑합니까? 그러면 그 예수님을 가슴에
품고 사랑하는 대로 사십시오. 남을 비판하기에 앞서 사랑하는

방식대로 살면 주님께서 영광을 받으실 것입니다. 놀라운 사실
은 우리가 살아내기만 하면 주님께서 반드시 새 일을 행하신다
는 것입니다.

11

좁은 길

남을 먼저 대접하는 길   **마 7:7-14**

신앙에는 반드시 복병이 있습니다. 처음에는 밖에서 복병을 만나지만 갈수록 내 안에 더 많은 복병이 있다는 것을 발견하게 됩니다. 예수님은 제자들에게 선포하신 첫 설교에서부터 그 복병이 누구인지, 그리고 그 복병을 어떻게 굴복시킬 것인지를 가르쳐 주십니다. 신앙의 최대 적은 위선이라는 것을 알려 주시고, 대표적인 종교 행위 가운데 위선이 독버섯처럼 자라날 수 있음을 말씀해 주십니다. 비록 구제와 기도와 금식이라는 종교 행위가 거룩해 보일지라도 하나님보다 나를 더 의식하고 있다면 소용없는 일이라고 알려 주십니다.

예수님은 특히 우리 신앙의 성장을 가로막는 세 가지, 즉 재물과 염려, 비판을 조심하라 하십니다. 십계명도 하지 말라는 금지명령이 많은데 산상수훈도 하지 말라는 것이 많습니다. 그만큼 신앙을 지키는 것이 어렵다는 의미이기도 합니다.

가기는 열심히 가는데 엉뚱한 길을 갈 수 있습니다. 뒤돌

좁은 길 : 남을 먼저 대접하는 길

아보지 않고 가다가 전혀 다른 길로 접어들 수 있습니다. 그래서 제자의 첫 번째 조건은 '나를 따르라'는 명령에 순종하는 것입니다. 크리스천이란 예수님을 따라가는 사람입니다. 그런데 뜻밖에도 숱한 크리스천이 예수님을 따라가지 않고 예수님 얘기 많이 하는 사람들을 따라갑니다. 성경을 직접 읽지 않고 성경 가르쳐 주는 사람들 얘기에 더 귀를 기울입니다. 예수님이 그토록 그 사람들 조심하라 했는데도 귀담아듣지 않습니다. 나 먼저 온 자들은 다 도적이요 강도라고 알려 주셨건만 무슨 뜻인지 헤아려 듣지 못합니다.

구해야 할 것은 성령

그러면 반대로 우리가 신앙생활 하면서 적극적으로 추구해야 할 것은 무엇입니까?

7 구하라 그리하면 너희에게 주실 것이요 찾으라 그리하면 찾아낼 것이요 문을 두드리라 그리하면 너희에게 열릴 것이니 8 구하는 이마다 받을 것이요 찾는 이는 찾아낼 것이요 두드리는 이에게는 열릴 것이니 _____ 마 7:7-8

모두가 무엇인가를 구합니다. 필요를 따라 구하고 욕망을 따라 구하고 관계를 따라 구합니다. 우리는 무얼 구해야 합니까? 하나님은 먼저 하나님의 나라와 그 의를 구하라고 하셨습니다. 먼저 하나님을 구하라는 것입니다. 하나님을 구하면 하나님은 무엇을 가장 주고 싶어 하시겠습니까?

> **9** 너희 중에 누가 아들이 떡을 달라 하는데 돌을 주며 **10** 생선을 달라 하는데 뱀을 줄 사람이 있겠느냐 **11** 너희가 악한 자라도 좋은 것으로 자식에게 줄 줄 알거든 하물며 하늘에 계신 너희 아버지께서 구하는 자에게 좋은 것으로 주시지 않겠느냐 ___ 마 7:9-11

악한 아버지라도 자기 자녀에게는 좋은 것을 줍니다. 하물며 하나님 아버지께서 가장 좋은 것을 주시지 않겠느냐고 반문하십니다. 누가복음에서 같은 말씀을 통해 그 가장 좋은 것이 무엇인지 알려 줍니다.

> 너희가 악할지라도 좋은 것을 자식에게 줄 줄 알거든 하물며 너희 하늘 아버지께서 구하는 자에게 성령을 주시지 않겠느냐 하시니라 ___ 눅 11:13

하나님께 구해야 할 것, 간절히 구해야 할 것은 성령입니다. 주고 싶은 분이 주시겠다는 것을 구하고 받아야 하지 않겠습니까? 내가 아무리 갖고 싶어도 주어야 할 사람이 주지 않겠다면 그만입니다. 하나님은 성령을 주겠다고 약속하셨습니다. 예수님은 왜 공생애 3년만 계시다가 떠나셨습니까? 성령을 보내 주시기 위해서입니다. 마침내 예수님의 약속대로 오순절 날마가의 다락방에 성령이 오셨습니다. 120여 명의 제자들이 한꺼번에 성령을 받았습니다. 다 받았습니다.

> 1 오순절 날이 이미 이르매 그들이 다같이 한 곳에 모였더니 2 홀연히 하늘로부터 급하고 강한 바람 같은 소리가 있어 그들이 앉은 온 집에 가득하며 3 마치 불의 혀처럼 갈라지는 것들이 그들에게 보여 각 사람 위에 하나씩 임하여 있더니 ＿＿ 행 2:1-3

성령이 오시면 무엇이 탄생합니까? 교회입니다. 교회는 성령 공동체이자 예수 공동체입니다. 그리스도 안에 함께 거하는 공동체입니다. 그리스도 안에서 하나 되는 공동체입니다. 교회는 타락한 인간의 본성, 이기적인 세상의 본성을 거스르기 위해 하나님이 선물로 주신 구원 공동체입니다. 십자가는 구원 공동체를 위한 하나님의 지혜입니다. 세상이 결코 알 수 없는 지혜입니다.

구하라, 구하는 이마다 받을 것이라니까 우리는 내가 원

하는 모든 것을 구하면 받는다고 생각합니다. 아닙니다. 예수님
께서 언제 구하라고 하십니까?

> 너희가 내 안에 거하고 내 말이 너희 안에 거하면 무엇이든지 원
> 하는 대로 구하라 그리하면 이루리라 ____요 15:7

원하는 대로 구하라, 그러면 이루리라, 무엇을 구하고 무
엇을 이루시겠다는 것입니까? 말씀이 내 안에 거하면 하나님의
뜻에 거스르는 것을 구할 수 없습니다. 결국 성령을 구하고 교
회를 소망하라는 말씀입니다. 사도 바울이 구했습니다. 그가 받
은 것이 무엇입니까?

> 자기 아들을 아끼지 아니하시고 우리 모든 사람을 위하여 내주신
> 이가 어찌 그 아들과 함께 모든 것을 우리에게 주시지 아니하겠
> 느냐 ____롬 8:32

바울이 모든 것을 받았습니다. 그리하여 바울이 가는 곳
마다 탄생한 것이 무엇입니까? 교회입니다. 하나님이 바울을
이방인을 위한 그릇으로 택하셔서 모든 것을 주신 결과 그의 흔
적을 따라 생긴 것이 교회입니다. 하나님은 하나님 당신 자신을
주기 원하십니다. 예수님은 예수님 당신의 전부를 주기 원하십

니다. 두 분이 한마음으로 전심으로 구하는 인간에게 주시고자 하는 것은 곧 성령입니다. 그리고 기억하십시오. 성령을 주시면 다 주신 것입니다. 성령을 받으면 다 받은 것입니다. 성령 받은 줄 어떻게 압니까? 열매로 압니다. 유실수는 무슨 나무인지 열매로 압니다. 성령의 열매는 어떤 열매입니까?

> 22 오직 성령의 열매는 사랑과 희락과 화평과 오래 참음과 자비와 양선과 충성과 23 온유와 절제니 이 같은 것을 금지할 법이 없느니라＿＿＿ 갈 5:22-23

다른 것을 구하는 사람에게는 이런 열매가 없습니다. 나한테 이런 열매가 있는지 확인해 보십시오. 예수님 이야기를 많이 하는데 이런 열매가 없다면 그는 가짜입니다. 신앙의 길을 잘못 가고 있는 겁니다. 무슨 능력이 나타난다고 해서 속아서는 안 됩니다. 십자가의 능력에서 비롯된 것이 아닙니다. 고난 끝에 맺힌 열매가 아닙니다. 사람이 모였다고 해서 반드시 이 열매가 있는 것도 아닙니다. 극장에 이런 열매가 있어서 사람이 모입니까? 성령의 열매 때문에 무슨 영화가 관객 천만 명을 모읍니까? 종교 집회도 마찬가집니다. 예수님은 오직 병 낫기만을 위해 모인 사람들, 오직 먹을 것을 기대하면서 따르는 사람들을 흩으셨습니다.

> 56 내 살을 먹고 내 피를 마시는 자는 내 안에 거하고 나도 그의 안에 거하나니 57 살아 계신 아버지께서 나를 보내시매 내가 아버지로 말미암아 사는 것같이 나를 먹는 그 사람도 나로 말미암아 살리라 _____ 요 6:56-57

주님이 주시고자 하는 건 진정한 생명입니다. 영원한 생명입니다. 주님 안에 들어가 주님과 연합할 때 주님을 힘입어 영생을 하게 됩니다. 이는 육적인 사건이 아니라 영적인 사건입니다.

> 살리는 것은 영이니 육은 무익하니라 내가 너희에게 이른 말은 영이요 생명이라 _____ 요 6:63

예수님이 가버나움에서 이 말씀을 하시자 사람들이 떠나갔습니다. 예수님의 뜻이 분명해지자 사람들이 오히려 떠났습니다. 어쩌면 교회도 고난의 시대를 맞게 되면 다 떠날지도 모릅니다. 배교자가 줄을 이을지도 모릅니다. 오히려 살리는 것은 육이니 영은 무익하다는 속삭임에 넘어갈 것입니다. 언제나 눈에 보이는 것이 눈에 보이지 않는 것보다 우리를 더 강하게 자극하고 유혹하기 때문입니다.

좁은 길 : 남을 먼저 대접하는 길

찾아야 할 것도 성령

구하는 것과 찾는 것의 차이는 무엇입니까? 구하는 것이 내적인 동기라면 찾는 것은 그 동기가 겉으로 드러나는 것입니다. 우리는 누군가 마음으로 간절히 원하는 것은 모르나 그가 두리번거리며 찾고 있다면 눈치채고 "뭘 찾으세요?" 하고 묻습니다. 예수님은 우리에게 무엇을 찾으라고 말씀하십니까? 구하고 찾는 대상과 관련해서 사실 반복해서 들려주시는 말씀이 9절에서 11절까지입니다.

> 9 너희 중에 누가 아들이 떡을 달라 하는데 돌을 주며 10 생선을 달라 하는데 뱀을 줄 사람이 있겠느냐 11 너희가 악한 자라도 좋은 것으로 자식에게 줄 줄 알거든 하물며 하늘에 계신 너희 아버지께서 구하는 자에게 좋은 것으로 주시지 않겠느냐 ____ 마 7:9-11

우리가 간절히 찾아야 할 것이 무엇인지 알겠습니까? 예레미야 선지자의 말씀을 보면 알 수 있습니다.

> 너희가 온 마음으로 나를 구하면 나를 찾을 것이요 나를 만나리라 ____ 렘 29:13

성령님을 구하는 것보다 간절한 추구는 없습니다. 하나님을 찾는 것보다 위대한 추구는 없습니다. 하나님을 만나는 것보다 더 큰 기쁨은 없습니다. 구하고 찾으면 반드시 만납니다. 하나님을 추구하면 반드시 하나님을 경험합니다. 그게 믿음 사건입니다.

하나님을 찾는 이는 반드시 하나님이 계신 것을 믿어야 합니다. 전심으로 구하기 위해서는 전심으로 믿어야 합니다. 결혼하기 위해서는 전심으로 그리고 진심으로 프로포즈해야 하지 않습니까? 우리의 문제는 온 마음으로 찾지 않는 데 있습니다. 하나님을 찾는다 하면서 한눈을 팔고 자꾸 두리번거리는 것이 문제입니다.

우리가 이렇게 간절히 구해서 성령을 받았다면 성령의 사람이 된 것이고 교회가 된 것입니다. 그리고 교회가 된 사람은 흩어질 준비가 된 사람입니다. 교회가 된 사람은 그 자체로 세상에 충격을 줄 것이고 변화를 일으킬 것입니다. 예수님은 공생애 3년 동안 이것을 가르치신 것입니다.

그러나 인내가 필요하다

7 구하라 그리하면 너희에게 주실 것이요 찾으라 그리하면 찾아

좁은 길 : 남을 먼저 대접하는 길

낼 것이요 문을 두드리라 그리하면 너희에게 열릴 것이니 _____

마 7:7-8

두드리는 것은 행동입니다. 하나님도 우리 문을 두드리십니다. 문을 두드리는 것은 전제가 있습니다. 안에 누군가 있다는 믿음이고, 두드리면 반드시 열어 줄 것이라는 믿음입니다. 빈집인 줄 알면서 문을 두드리는 사람은 없습니다. 자물쇠로 굳게 잠가 놓은 집을 두드리는 사람은 없습니다. 왜 두드리라고 하십니까? 열어 주겠다는 의지가 있기 때문에 두드리라 하십니다.

문을 두드리면 누가 나옵니까? 사람이 나옵니다. 문을 두드리는데 돈이 쏙 나오지 않습니다. 문을 두드렸더니 그토록 내가 원하던 물건이 나오는 것이 아닙니다. 문을 두드리면 누구건 사람이 나옵니다. 그리고 문을 두드리는 전제 중의 가장 중요한 것이 있습니다. 내가 당신을 존중한다는 사인입니다. 도둑은 문을 두드리지 않습니다. 도둑은 집 안에 있는 사람을 존중하지 않습니다. 강도는 더 존중하지 않습니다. 문을 두드리는 행위는 무엇보다 집 안에 있는 주인을 인정하고 존중한다는 표시이고 문을 열어 주면 들어가지만 열어 주지 않으면 기다리겠다는 무언의 약속입니다.

그래서 구하고 찾고 두드리는 것은 인내를 내포합니다. 하나님을 추구하는 전 과정은 인내의 과정입니다. 믿음은 인내하는 일입니다. 믿음이 없으면 못 참습니다. 못 견딥니다. 못 기다립니다. 그러나 하나님이 계신 것과 하나님이 반드시 응답하는 분이심을 믿으면 기다릴 수 있습니다. 모든 것을 참고 모든 것을 믿고 모든 것을 바라고 모든 것을 견딥니다. 구하고 찾고 두드리는 것도 인내의 과정이고 응답을 받는 것도 인내의 과정이고 응답 받은 이후에도 인내의 과정이 따릅니다.

하나님도 기다리십니다. 하나님은 피조물인 인간을 방문할 때도 문을 두드리고 기다리십니다. 예수님은 문 밖에서 우리가 문을 열어 줄 때까지 기다리십니다. 성령님은 우리가 초청할 때까지 인내하십니다. 자녀가 크면 부모라도 방문을 노크하며 들어가도 되느냐고 의향을 묻습니다. 내가 너를 이제 독립적인 인격체로 인정한다는 사인입니다.

예수님이 찾아오시면 문 밖에 세워 두지 마십시오. 문을 열어 드리십시오. 들어오시면 무슨 일이 있습니까?

> 볼지어다 내가 문 밖에 서서 두드리노니 누구든지 내 음성을 듣고 문을 열면 내가 그에게로 들어가 그와 더불어 먹고 그는 나와 더불어 먹으리라 _____ 계 3:20

문을 열어 주면 더불어 먹고 더불어 지내는 삶이 시작됩니다. 동거의 삶, 동행의 삶이 시작됩니다. 그래서 신앙은 혼자

좁은 길 : 남을 먼저 대접하는 길

가 아닙니다. 외롭게 혼자 걷는 길이 아닙니다.

구하고 찾고 두드리는 것은 사실 별개가 아닙니다. 하나님을 갈망하고 하나님을 추구하고 하나님을 대면하는 것입니다. 하나님이 보내 주신 예수님을 갈망하고 예수님을 추구하고 예수님을 대면하는 것입니다. 예수님이 약속하신 성령님을 갈망하고 성령님을 추구하고 성령님을 대면하는 것입니다. 신앙은 결국 삼위일체 하나님을 갈망하고 추구하고 대면하는 삶입니다. 그래서 구원의 삶입니다. 그래서 영원의 삶입니다. 그래서 하나님의 뜻이 이루어지는 삶입니다.

먼저 대접하는 것이 교회되는 것

구하고 찾고 두드린 결과 하나님과 동행하기 시작하면 삶에 어떤 변화가 있습니까? 비로소 사랑이 무엇인지 아는 삶이 되고 비로소 믿음이 무엇인지 아는 삶이 되고 비로소 소망이 무엇인지 아는 삶이 됩니다. 그전까지는 욕망의 삶이고 불만의 삶이고 비판의 삶입니다. 여전히 내가 너무 중요한 삶입니다. 무슨 말을 해도 내가 가장 중요한 삶입니다. 기도 열심히 해도 조금만 손해 보면 못 참습니다. 자존심에 손톱만 한 상처가 나도 못 견디고 내 생각을 반대하면 속에서 분노가 끓어오릅니다.

성령님이 오시면 이 문제가 해결될 때까지 내 안에서 나를 대신해서 구하고 찾고 두드리십니다. 그래서 신앙의 길이란 넘어지지 않는 길이 아니라 넘어져도 다시 얼른 일어나는 길입니다. 넘어지지 않는 것이 성숙이 아니라 얼른 다시 일어나는 것이 성숙입니다. 성숙하면 어떻게 될까요?

그러므로 무엇이든지 남에게 대접을 받고자 하는 대로 너희도 남을 대접하라… ____ 마 7:12

'그러므로'보다는 '그러면'이나 '그러니' 또는 '그래서'로 번역하는 것이 낫습니다. 남이 나를 대접해 주기를 원하는 대로 남을 대접하게 된다고 합니다. 세상은 이와 반대입니다. '네가 먼저 나를 대접하면 내가 대접해 주겠다'가 세상의 이치입니다.

우리는 구하고 찾고 두드리다가 가장 좋은 것을 받았습니다. 세상에서 아무리 구하고 찾고 두드려 봐야 얻을 수 없는 것을 얻었습니다. 그러면 어떻게 해야 합니까? 그래서 어떻게 살아야 합니까? 그러니 나는 다른 사람들과 어떻게 어울려 살아야 합니까? 남에게 대접을 받고자 하는 대로 남을 대접해야 합니다. 그 사람이 아직 나를 그렇게 대접하지 않았습니다. 그러나 나는 그 사람으로부터 좋은 대접을 받고 싶습니다. 그 사람이 아직 나한테 정중하게 행동하지 않았습니다. 그러나 나는 그 사람이 나한테 정중하게 행동했으면 합니다. 그 사람이 아직 나에게 부드럽게 말하지 않았습니다. 그러나 나는 그 사람이 나한테 부드럽게 말했으면 합니다.

그러면 내가 어떻게 해야 합니까? 내가 먼저 그렇게 하는 것입니다. 먼저 대접하고 먼저 정중하게 대하고 먼저 부드럽게 말하는 것입니다. 인간관계는 어떻게 변할 수 있습니까? 세상은 어떻게 변할 수 있습니까? 내가 먼저 그렇게 해야 합니다. 상대가 나한테 하는 만큼만 하겠다고 해서는 세상이 절대 변하지 않습니다. 상대가 나한테 하는 것보다 더 심하게 굴겠다 하면 세상은 더 악화됩니다. 실제로 사람들은 어떻습니까? 멸시받거나 무시당하면 그대로 갚아 주거나 그보다 더 갚아 줍니다. 한 대 맞으면 두 대 때립니다. 그렇기 때문에 세상은 가만두면 더 나빠지고 더 악해지고 더 타락해질 수밖에 없습니다.

이렇듯 세상의 죄악이 번성하는 흐름은 어떻게 바꿀 수 있습니까? 먼저 대접해 주는 크리스천이 바꿀 수 있습니다. 먼저 대접해 주는 삶, 이것이 성령 충만한 삶입니다. 교회된 삶입니다. 예수님의 십자가가 보여 준 것이 바로 성령 충만한 삶, 교회된 삶이었습니다. 그래서 십자가가 하나님의 지혜입니다. 그래서 교회가 있는 곳에 희망이 있습니다.

대제사장과 율법학자, 바리새인들은 가르치기 바빠서 그

렇게 살 시간이 없는 사람들입니다. 남한테 먼저 그런 요구를 하는 사람들입니다. 제가 요즘 제 일정을 보면 그렇습니다. 만나자는 사람, 와달라는 사람 찾아가면 대개 제가 더 대접을 받습니다. 요즘은 저를 대놓고 욕하는 사람을 만나기가 어렵습니다. 물론 뒤에서 욕하는 사람은 있을 겁니다. 그런 사람은 시대를 초월해서 있습니다. 지구 반대편에도 있을 것입니다. 그러나 적어도 면전에서 비난하거나 욕하는 사람을 만나기는 어렵습니다.

그래서 저는 페이스북이나 트위터를 봅니다. 거기는 여전히 황량한 들판 같습니다. 사방에서 욕이 날아다닙니다. 그래서 제가 예수님 말씀대로 이 SNS 세상에서 먼저 대접하기로 마음먹었습니다. 반드시 존댓말을 쓰기로 했습니다. 생각 없이 쓰지 않고 깊이 생각하고 쓰기로 했습니다. 많이 말하지 않고 하루 한마디씩만 하기로 했습니다. 열매가 있을까요? 예상하고 기대했던 것보다 훨씬 더 많은 열매가 있습니다. 적어도 제가 존댓말을 쓰는 까닭에 댓글이 다 존댓말입니다.

　…너희도 남을 대접하라 이것이 율법이요 선지자니라 ＿＿＿ **마 7:12**

예수님이 아주 중요한 말씀을 하십니다. 율법이 무엇입니까? 선지자란 누구입니까? 무엇이 하나님의 말씀입니까? 하나님 말씀의 본질이 무엇입니까? 사람을 대접하는 것입니다.

243

사람을 존중하는 것입니다. 사람을 사랑하는 것입니다. 하나님의 말씀을 전하는 선지자란 어떤 사람입니까? 사람 대접할 줄 아는 사람입니다. 사람을 존중할 줄 아는 사람입니다. 사람을 사랑할 줄 아는 사람입니다. 어렵습니까? 하나님의 율법이 어렵습니까? 예수님은 모든 율법을 단 한마디로 정의하십니다. 대접 받고 싶은 대로 먼저 대접하라, 그리고 선지자와 예언자, 설교자란 다른 사람을 지극히 존중하는 사람이라고 하십니다.

이렇게 나보다 남을 먼저 대접하고 지극히 존중하는 공동체가 바로 교회입니다. 그리고 바로 그런 교회라야 사람이 바뀝니다. 바로 그런 교회라야 가정이 바뀝니다. 바로 그런 교회라야 세상이 바뀝니다. 하나님을 구하고 찾고 두드려서 우리 모두는 바로 그 교회가 된 것입니다. 예수님은 이제 바로 그 교회, 이 진정한 교회가 가는 길을 알려 주십니다.

좁은 문으로 들어가고 있는가

13 좁은 문으로 들어가라 멸망으로 인도하는 문은 크고 그 길이 넓어 그리로 들어가는 자가 많고 14 생명으로 인도하는 문은 좁고 길이 협착하여 찾는 자가 적음이라 _____ 마 7:13-14

교회가 들어가는 문은 좁은 문이고 교회가 가는 길은 좁은 길입니다. 사람들은 좁은 문을 좋아하지 않습니다. 한 사람씩 줄 서서 들어가는 문을 선호하지 않습니다. 탁 트인 문, 많은 사람이 한꺼번에 들어갈 수 있는 문을 선호합니다. 예수님이 알려 주십니다. 사람들이 몰려가는 문, 사람들이 떼를 지어 가는 길은 멸망으로 가는 문이고 죽음으로 가는 길이라고 말씀하십니다. 우리는 지금 어디로 들어왔고 어디를 향해 가고 있습니까? 생명으로 인도하는 문은 좁고 길이 협착하여 찾는 자가 적다고 하십니다.

여기서 길은 삶의 방식을 말합니다. 가치관을 뜻합니다. 교회가 가는 삶의 방식은 쉽지 않습니다. 괴롭고 힘듭니다. 정확히 알고 나면 그렇게 선뜻 나설 길이 아닙니다. 그래서 찾는 자가 많지 않습니다. 그런데 왜 사람이 몰리는 현상이 생깁니까? 누군가 잘못 인도하고 있기 때문이 아닙니까? 혹시 멸망으로 인도하면서 생명의 길이라고 속이고 있기 때문이 아닙니까?

몇 달 전에 한 성도가 교회를 떠나면서 아주 솔직한 얘기를 했습니다. "저는 아직 세상이 너무 좋습니다. 너무 재미있습니다. 골프도 재미있고 술 마시고 노는 것도 너무 좋습니다. 아무래도 좀 더 즐기다가 와야겠습니다." 종종 이런 마음이 들지 않을 사람이 없을 것이며, 할 수만 있다면 그렇게 하고 싶은 사람이 왜 또 없겠습니까? 있다면 그분처럼 좀 쉬다 오십시오. 하

245

나님 아버지는 눈을 부릅뜨고 대문에서 출입을 지키시는 분이 아닙니다. 미리 유산을 나눠 달라고 해도 주시는 분입니다. 하나님을 제대로 알 수만 있다면 또한 우리 마음속에 진심으로 하나님을 갈망하는 마음이 생길 수만 있다면 비록 타락의 길로 가는 것이 안타깝지만 지켜보며 기다리시는 분입니다.

그런데 술 담배 안 하고 취미 생활 안 하는 것이 좁은 길이고, 그렇게 하고 사는 것이 넓은 길입니까? 자칫 그렇게 오해하는 사람들이 많습니다. 좁은 길이란 본질적으로 세상적인 가치관과 다른 가치관이고 나를 추구하는 인생관과 다른 인생관입니다. 교회를 다니면서도 넓은 길을 택하는 사람이 있을 수 있고, 교회 다니지 않지만 세상 한가운데서 좁은 길을 걷는 사람이 있을 수 있습니다. 교회라는 건물 안에서 매일같이 세상의 것들을 구하고 찾고 두드리는 사람이 있을 수 있고, 세상의 거친 파도를 헤치면서 하나님을 구하고 찾고 두드리는 사람이 있을 수 있습니다. 우리는 사람을 다 알지 못합니다. 섣불리 판단하면 백번 다 실수하게 됩니다.

우리 교회는 자주 뭇별로 흩어져서 예배를 드립니다. 얼마 전 한 성도가 광명의 어느 교회에 찾아가 예배를 드리고 돌아왔더니 그 교회 목사님이 이런 메시지를 주셨다는 얘기를 들었습니다. "하나님의 크신 위로와 격려를 경험했습니다." 우리가 구하고 찾고 두드려서 하나님과 동행하게 되면 우리가 가는 곳에는 이런 일이 일어나게 됩니다. 또 어떤 분은 자신이 근무하는 근무지에 가서 예배를 드렸다고 합니다. 주일이니까 당연히 사람들이 출근하지 않지요. 그곳에서 하나님의 나라가 이루어지도록 예배드리고 왔다고 했습니다. 또 다른 분은 실로 오랫동안 만나지 않고 지내던 가족을 찾아가 예배를 드리고 눈물로 화해한 얘기를 들려주었습니다.

한 형제는 CEO로 일하면서 직장에서 부부관계가 어려운 가정을 토요일마다 한 가정씩 초대해서 식사를 대접합니다. 그가 아내를 병으로 잃은 뒤 아내의 소중함, 가정의 소중함을 깨달은 것을 알려 주고 어려운 직원들 가정의 회복을 돕기 위해 시작한 것입니다. 남들은 주말이면 자기를 위해 시간을 사용하는데, 이 형제는 아침 일찍부터 시장에 가서 장을 본 다음 초대한 가정을 위해 음식을 만들어 대접합니다. 그리고 묵묵히 그들의 얘기를 들어준 뒤 마지막에 한마디만 합니다. "아내를 잃고 보니 부부가 정말 소중합니다." 그리고 제 사인을 받아 간 책 《왜 예수인가》를 주며 읽어 보라고 권한답니다.

이것이 하나님을 구하고 하나님을 찾는 인생입니다. 전심을 다해서 구했더니 성령님이 내게 오셨고 내가 성령님으로 그렇게 날마다 더 찾고 더 구했더니 하나님이 나를 이리 보내시고 저리 보내셨다, 이것이 사도행전입니다. 사도행전은 지금도 여전히 진행 중입니다.

247

무엇이 좁은 길입니까? 내 돈 손해 보는 것이 좁은 길입니다. 내 시간 손해 보는 것이 좁은 길입니다. 내 취미 생활 못하는 것이 좁은 길입니다. 나 때문에 해야 할 일 하지 않고 그 사람 때문에 하지 않아도 될 일 하는 것이 좁은 길입니다. 나도 어려움이 많은데 다른 사람 힘든 얘기 들어주는 것이 좁은 길입니다. 그 모든 좁은 길의 특징은 나 때문이 아니라 그 사람 때문입니다.

우리는 때로 교회 다닌다는 것이 진정한 교회가 되는 데 큰 걸림돌이 되는 경험을 합니다. 교회가 넓은 문으로 들어가는 첫 번째 문이고, 성공하고 번성하는 대로의 시작인 것처럼 가르치기 때문에 사람들이 교회로 몰렸던 것은 아닌지 살펴야 합니다. 하나님이 오래 참으시므로 우리는 종종 부패한 교회, 타락한 목회자를 보고도 하나님이 상관하지 않으시나 오해하고 착각하곤 합니다. 그러나 하나님의 말씀은 변한 적이 없고 하나님은 실언하신 적이 없습니다. 약속하신 말씀대로 이루시지 않은 것이 없고 이루어지지 않을 약속이 없습니다. 그리고 그런 일 절대로 그냥 넘어가지 않으십니다.

신앙은 구하고 찾고 두드리는 길입니다. 하나님을 추구하는 길입니다. 그런데 하나님을 제대로 만나면 반드시 사람을 제대로 대접하게 됩니다. 비록 나는 제대로 대접 받지 못할지라도 남은 제대로 먼저 대접하는 이 길이야말로 다름 아닌 좁은 길입니다. 이 길을 가는 이유는 오직 한 가지입니다. 이 길이 유일한 구원의 길, 생명의 길이기 때문이고, 진정으로 사람 살리는 길이고 세상을 진정으로 바꾸는 길이기 때문입니다.

좁은 길 : 남을 먼저 대접하는 길

12

반석

좋은 성품의 집   **마 7:15-29**

산상수훈을 통해 예수님은 신앙의 첫 자리와 마지막 자리를 보여 주십니다. 처음은 복 이야기로 시작하셨습니다. 신앙은 복이 무엇인지를 아는 데서 출발해야 한다는 것을 일러 주셨습니다. 예수님은 이제 신앙의 끝자리를 알려 주십니다. 흔들리지 않는 마음, 무너지지 않는 마음이 신앙의 도착지점입니다. 예수님은 그 마음의 자리를 집에 비유하십니다. 신앙은 무너지지 않는 집 짓는 일과 같다는 것입니다. 누구나 집에 삽니다. 다 안전하다고 믿고 삽니다. 실제 안전합니까? 안전성 여부는 아마 집에 충격이 가해질 때 드러날 것입니다. 최근 지진 소식이 잦습니다. 일본은 대부분의 고층 건물이 진도 7이나 8에 견딜 수 있도록 지어졌다고 합니다. 하지만 우리는 그만한 강도를 이겨 낼 고층 건물이 과연 몇이나 될지 누구도 모릅니다.

눈에 보이는 집 비유로 예수님이 하시고자 한 말씀은 무엇입니까? 신앙 이야깁니다. 바른 신앙이란 결국 좋은 성품의 집 짓는 일임을 들려주시고자 한 것입니다. 성품은 마음에서 시작해서 마음으로 짓습니다. 내면에서 시작되어서 내면에서 공사가 진행됩니다. 그래서 예수님은 줄곧 겉으로 드러난 종교 행위가 우리 신앙을 입증하는 것이 아니라고 말씀하십니다. 하나님은 겉으로 드러난 행동이 아니라 은밀한 가운데 우리의 내면을 보고 계신다고 알려 주십니다. 아무리 많은 종교 행위로 우리 신앙을 포장할지라도 하나님은 속지 않으십니다. 하나님은 우리 내면의 태도, 영적인 태도로 우리를 분별하십니다.

정말 하나님을 사랑하고 있는가, 정말 하나님의 말씀을 경청하고 있는가, 정말 하나님의 뜻을 바로 알고 있는가, 정말 하나님의 말씀대로 살고 있는가, 이 질문들을 의식하면 두렵지 않습니까? 하나님이 만만하고 편하기만 하신 분이 아니라는 사실을 의식하면 조심스럽지 않습니까?

외부의 어떤 충격이 가해져도 무너지지 않는 집이란 어떤 집입니까? 우리 인격의 집입니다. 우리 성품의 집입니다. 주님을 만난 뒤 성품이 바뀌지 않는다면 우리는 집을 짓고 있는 게 아니라 그냥 소꿉장난하는 것입니다.

진짜와 거짓이 있다

어떤 충격에도 무너지지 않는 집은 어떻게 짓습니까? 먼저 좁은 문으로 들어가라고 하십니다. 남들이 잘 안 가는 길이라도 그 길을 가라고 하십니다. 사람들이 많이 다닌다고 그 길이 안전한 길이 아니라 그 길은 자칫 멸망의 길일 수 있다고 하십니다. 둘째는 바른 영성으로 가는 길, 곧 무너지지 않는 신앙의 집을 짓기 위해서는 거짓 선지자들을 조심하라고 하십니다.

거짓 선지자들을 삼가라 양의 옷을 입고 너희에게 나아오나 속에는 노략질하는 이리라 _____ **마 7:15**

여기 등장하는 거짓 선지자, 헬라어로 프슈도프로페테스는 신약성경에서 11번 나옵니다. 누가복음(6:26)과 베드로후서(2:1)에서는 유대교의 선지자들과 거짓 그리스도교 교사를 지칭하고, 사도행전(13:6)에서는 마술사를 가리킵니다. 계시록(2:20)에서는 이세벨을 거짓 선지자라고 부르고 있고, 요한일서(4:1)에서는 거짓된 예언을 선포하는 자를 가리킵니다.

그러나 백성 가운데 또한 거짓 선지자들이 일어났었나니 이와 같이 너희 중에도 거짓 선생들이 있으리라 그들은 멸망하게 할 이단을 가만히 끌어들여 자기들을 사신 주를 부인하고 임박한 멸망을 스스로 취하는 자들이라 ____**벧후 2:1**

사랑하는 자들아 영을 다 믿지 말고 오직 영들이 하나님께 속하였나 분별하라 많은 거짓 선지자가 세상에 나왔음이라 ____**요일 4:1**

구약에서는 예레미야와 에스겔과 같은 선지자들을 통해 거짓을 예언하는 자들을 조심하라고 경고하십니다.

만군의 여호와께서 이와 같이 말씀하시되 너희에게 예언하는 선지자들의 말을 듣지 말라 그들은 너희에게 헛된 것을 가르치나니 그들이 말한 묵시는 자기 마음으로 말미암은 것이요 여호와의 입에서 나온 것이 아니니라 ____**렘 23:16**

3 주 여호와의 말씀에 본 것이 없이 자기 심령을 따라 예언하는 어리석은 선지자에게 화가 있을진저 4 이스라엘아 너의 선지자들은 황무지에 있는 여우 같으니라 ____**겔 13:3-4**

거짓 선지자들은 말세가 가까울수록 흔해집니다. 그러면 어떻게 분별할 수 있습니까? 그들은 계시된 말씀이 아니라 자신의 마음과 심령을 따라 예언합니다. 따라서 무슨 예언을 하더라도 그 말을 성경에 비춰 보아야 합니다. 또한 그들은 양의 옷을 입고 있으나 속은 이리입니다. 겉보기에 너무나 온화하고 친절하고 진실됩니다. 그들은 먼저 찾아와 먼저 손을 내밉니다. 그러나 그들은 속을 감추고 있습니다. 속에는 탐욕이 가득합니다. 무엇인가를 결국 빼앗아 갈 이리입니다. 예수님이 가장 쉬운 분별법을 알려 주십니다.

> 16 그들의 열매로 그들을 알지니 가시나무에서 포도를, 또는 엉겅퀴에서 무화과를 따겠느냐 17 이와 같이 좋은 나무마다 아름다운 열매를 맺고 못된 나무가 나쁜 열매를 맺나니 18 좋은 나무가 나쁜 열매를 맺을 수 없고 못된 나무가 아름다운 열매를 맺을 수 없느니라 19 아름다운 열매를 맺지 아니하는 나무마다 찍혀 불에 던져지느니라 20 이러므로 그들의 열매로 그들을 알리라
> _____ 마 7:16-20

나무는 무엇으로 압니까? 열매로 압니다. 포도나무에서 포도가 열리고 무화과나무에서 무화과가 열립니다. 가시나무에서 포도가 열릴 수 없고, 엉겅퀴나무에서 무화과가 열리지 않습니다. 좋은 나무에서 좋은 열매가 맺히고, 나쁜 나무에서 나쁜 열매가 맺힙니다. 이 말씀 가운데 반복되는 단어는 무엇입니까? 열매지요. 그런데 열매의 속성은 무엇입니까? 열매 맺는 데

반석 : 좋은 성품의 집

시간이 필요하다는 것입니다. 나무는 금세 열매를 맺을 수 없습니다. 잎이 무성하다고 다 열매가 맺히는 것도 아니고 나무가 크다고 좋은 열매가 맺히는 것도 아닙니다. 어떤 열매가 있을지는 반드시 기다려 봐야 압니다.

예수님이 이 열매 맺는 비유를 통해 우리에게 당부하시는 말씀은 무엇입니까? '기다려 봐라' '네 눈으로 확인하라'입니다. 공부에는 천재가 있지만 신앙에는 천재가 없습니다. 과학에는 천재가 있지만 목회에는 천재가 없습니다. 자연의 일에 천재가 없고 하나님의 일에 천재가 없습니다. 모소라는 대나무는 천재 대나무라서 하루에 30cm씩 쑥쑥 자라는 것이 아닙니다. 심은 지 5년간은 순도 내지 않고 오직 뿌리만 내리고 일단 자라기 시작하면 무섭게 자라는 것이지, 이 대나무가 다른 대나무보다 재주가 많고 능력이 뛰어나서 빨리 자라는 것이 아닙니다. 마찬가지로 신앙은 그 내면에 어떤 뿌리를 내리고 있는지 우리가 볼 수 없지만 나중에 열매 맺는 것을 보면 알 수 있습니다.

신앙은 기다림입니다. 누구의 신앙도 섣불리 말할 수 없습니다. 말할 필요도 없습니다. 스스로 다 말하게 될 것입니다. 우리는 보암직하고 먹음직스럽고 자랑할 만한 것을 열매라고 생각하지만 예수님은 그런 것을 열매라고 하시지 않습니다. 시간이 지나면 저절로 드러나는 것이 열매입니다. 굳이 설명하지 않아도, 자랑하지 않아도 우리 삶 가운데 자연스럽게 드러나서 사람들도 알아보는 것이 열매입니다. 신앙도 굳이 설명하거나 자랑하지 않아도 드러난 열매로 그 수준을 알 수 있습니다.

여기서 열매를 조금 더 살펴봅시다. 신앙의 열매란 무엇을 말합니까?

> 내 안에 거하라 나도 너희 안에 거하리라 가지가 포도나무에 붙어 있지 아니하면 스스로 열매를 맺을 수 없음같이 너희도 내 안에 있지 아니하면 그러하리라 _____ 요 15:4

열매는 가지가 나무에 붙어 있어야 열립니다. 예수님 안에 거해야 열리고 내 안에 예수님이 계셔야 열립니다. 스스로는 열매를 맺지 못합니다. 자, 이 열매는 무엇입니까? 예수님과 나의 관계 속에서 일어나는 것입니다. 즉 나의 변화, 내면의 변화를 말합니다. 열매로 표현하기 때문에 자칫 우리는 눈에 보이는 성과나 업적으로 이해하기 쉽습니다. 겉으로 드러난 성장과 같은 것을 열매라고 생각하기 쉽습니다. 그러나 예수님이 말씀하시는 열매는 그런 것이 아닙니다.

예수님은 오직 예수님과의 관계성 속에서 일어나는 변화에 초점을 두고 열매를 말씀하십니다. 예수님 때문에 내 의지와는 달리 일어나는 변화, 무엇보다 내면의 변화, 성품의 변화를 말씀하고 계신 것입니다. 예수 믿고 변하셨습니까? 성품이 달

257

라졌습니까? 인격이 달라졌습니까? 그러면 열매 맺은 것입니다. 예수 믿었는데 내 성품이 아무것도 변한 것이 없습니까? 그러면 열매가 없는 것입니다. 열매 없으면 어떻게 됩니까?

> 사람이 내 안에 거하지 아니하면 가지처럼 밖에 버려져 마르나니
> 사람들이 그것을 모아다가 불에 던져 사르느니라 ____ 요 15:6

예수님과의 관계에서 맺어진 신앙의 열매가 복음의 열매입니다. 그런데 우리는 복음의 열매와 다른 열매를 혼동하기가 쉽습니다. 복음 비슷한 것도 열매가 많을 수 있기 때문입니다. 복음과 혼동하기 쉬운 것으로 휴머니즘이 있습니다. 휴머니즘이라는 말은 얼마나 따뜻합니까? 그러나 복음은 휴머니즘이 아닙니다. 복음은 분명히 하나님의 형상을 지닌 인간의 존엄성을 인정하지만, 회개하지 않은 죄인이 부르짖는 인권과 사회개혁의 주장과는 구분됩니다. 복음은 기독교 우파나 좌파, 기독교 민주주의나 기독교 사회주의, 어느 한쪽으로도 기울지 않습니다. 휴머니스트는 동성애를 받아들이라고 주장하지만, 복음은 동성애자도 사랑 받고 용서 받아야 할 대상이지 동성애가 인권이고 합법이라고 말하지 않습니다.

오늘날 무섭게 복음의 변질을 가져온 것이 맘모니즘입니다. 맘몬의 뿌리에서 자라난 번영신학, 건강신학입니다. 그러

나 분명히 복음은 맘모니즘이 아닙니다. 복음은 구원을 통해 인간에게 소유에 묶이지 않는 자유를 맛보게 하지만, 일생의 부와 건강과 행복을 통해 가난으로부터의 해방을 약속하거나 그것들을 복음의 열매라고 말하지 않습니다. 또한 복음은 긍정적 사고, 적극적 사고가 아닙니다. 복음은 하나님이 돌이키는 죄인을 가리지 않고 받아 주신다는 뜻밖의 긍정, 우리 생각을 뛰어넘는 기쁜 소식이지만, 내가 원하는 것을 바라보고 날마다 염원하기만 하면 모든 것이 이루어진다는 긍정적이고 적극적인 사고를 뜻하지 않습니다.

진짜는 성품의 열매로 알 수 있다

이렇듯 복음과 비슷한 것들이 뒤섞인 복음, 변질된 복음이 오늘날 세계 도처에서 횡행합니다. 그러나 그건 열매가 아무리 많아도 신앙의 본질에서 뻗은 복음의 가지에서 맺힌 열매가 아닙니다. 그 안에 예수님의 생명력이 없기 때문입니다. 잠시 사람들을 현혹하고 속일 수 있지만 시간이 지나면 그 열매는 반드시 병들고 썩은 것으로 드러날 것입니다. 복음을 변질시킨 거짓 선지자, 거짓 사도들로 드러난 사람들은 일일이 헤아릴 수 없을 만큼 많습니다. 그럼에도 불구하고 나방이 불빛을 향해 날

259

아들듯 사람들은 은사와 능력이 나타나는 거짓 선지자들을 좇아서 몰려갑니다.

그러나 이 현상들은 예수님과 직접 상관이 없습니다. 우리는 오직 예수님의 가지로 붙어 있을 때 맺히는 열매가 목적입니다. 그 열매는 곧 예수님의 본질이 흘러든 열매, 예수님의 성품이 담긴 열매입니다. 따라서 그 열매는 날마다 내가 부인되고 내 안에 그리스도가 사시도록 할 때 맺어집니다. 사도 바울은 예수님이 말씀하신 그 열매가 과연 어떤 것인지 갈라디아서 5장 22절과 23절에서 알려 줍니다.

성령의 아홉 가지 열매를 자세히 들여다보면 성품이 어떤 순서로 어떤 경로를 따라 맺히게 되는지를 알 수 있습니다. 예수님의 성품이 흘러들면 먼저 사랑과 기쁨과 화평이 내 안에 자라납니다. 내가 한 것이라고는 예수님을 영접하고 예수님의 말씀을 듣고 예수님을 묵상한 것이 전부인데, 내가 사랑 받는 존재가 되었다는 것을 알게 됩니다. 동시에 내가 누군가를 사랑할 수 있는 존재가 되고 있다는 것을 느끼게 됩니다. 이 사실이 내게 놀라운 기쁨, 설명할 수 없는 기쁨을 안겨 줍니다. 이 기쁨이 차고 넘치면서 평생 맛보지 못한 평강, 화평을 누리게 됩니다.

내 안에 일어난 변화가 나 하나로 그칩니까? 내 안의 변화는 소리 없이 이웃으로 번져 갑니다. 마치 파장이나 물결이 조용히 번져 가는 것과 같습니다. 그 파장의 이름, 물결의 이름이 오래 참음이고 자비와 양선입니다. 내가 전에는 그러지 않았는데 참아집니다. 예전 같으면 한바탕 몰아붙이거나 싸웠을 텐데 왠지 화가 나지 않습니다. 화가 나는 것을 억누르고 있는 것이 아닙니다. 분노하지 않는 겁니다. 그래서 바울이 사랑은 오래 참는 것임을 깨달았습니다. 내 안에 사랑이 있으면 삼세 번만 참는 것이 아니라 오래 참습니다. 자비와 양선은 이 오래 참는 성품에서 비롯된 것입니다. 상대방은 변하지 않았습니다. 내가 변했을 뿐입니다. 그래서 변하지 않은 사람도 변할 수 있다는 것을 알기 때문에 참고, 참기 때문에 부드럽게 대하는 것입니다. 선대하는 것이지요. 자비와 양선은 선대하는 것입니다. 상대가 나를 그렇게 대접해 주기를 원하기 때문에 내가 먼저 그렇게 대하는 것입니다.

이웃과의 관계가 이렇게 변화되면서 하나님을 대하는 태도도 다시 업그레이드됩니다. 하나님께 변덕스럽지 않습니다. 내가 원하는 대로 하나님이 반응하지 않으셔도 감정의 기복이 심하지 않습니다. 내 마음이 갈팡질팡하지 않는 것이 충성입니다. 내 마음이 변함없는 것이 충성입니다. 하나님을 하나님으로 변함없이 인정하는 태도가 온유이고, 하나님 앞에서 늘 나 자신을 추스르는 것이 절제입니다.

모세가 세상의 어떤 사람보다 온유했다는 것은 그가 어느 누구보다 하나님께 충성스러웠고 하나님을 하나님으로 대접해 드렸다는 뜻입니다. 그 온유함을 잃지 않는 것이 절제입니다. 절제는 성품의 클라이맥스입니다. 하나님은 모세가 절제를 잃고 지팡이로 바위를 쳤을 때 생각보다 훨씬 엄한 잣대로 그를 징벌하십니다. 그는 결국 가나안 땅에 들어가지 못합니다.

예수님의 진짜 분류법

우리는 신앙의 여정을 통해 어떤 열매를 구하고 있습니까? 예수님은 우리 성품이 변하는 열매를 원하시는데 정작 우리는 내 성격 하나 바꾸지 못한 채 세상 사람들이 원하는 것 나는 왜 안 주느냐고 매달리고 그걸 얻으면 열매가 풍성하다고 말하고 있지 않습니까? 내가 졸라서 얻은 것이 과연 예수님의 가지로 붙어 있다가 맺게 된 성령의 열매입니까? 예수님은 여기서 한 걸음 더 나아가 심각한 말씀을 하십니다.

> 21 나더러 주여 주여 하는 자마다 다 천국에 들어갈 것이 아니요 다만 하늘에 계신 내 아버지의 뜻대로 행하는 자라야 들어가리라 22 그날에 많은 사람이 나더러 이르되 주여 주여 우리가 주의 이름으로 선지자 노릇 하며 주의 이름으로 귀신을 쫓아내며 주의 이름으로 많은 권능을 행하지 아니하였나이까 하리니 23 그때에 내

가 그들에게 밝히 말하되 내가 너희를 도무지 알지 못하니 불법을 행하는 자들아 내게서 떠나가라 하리라 ____ **마 7:21-23**

천국에 들어가는 길이 주여 주여 부르기만 한다고 되는 일이 아니라고 하십니다. 천국은 입으로만 들어갈 수 있는 곳이 아니라는 말씀입니다. 또한 주님의 이름으로 선지자 노릇을 하는 것으로도 부족하다고 하십니다. 귀신을 쫓아내고 많은 능력이 나타나고 설사 기적을 일으킨다 해도 충분하지 않다고 하십니다. 다만 네가 하고 있는 모든 것이 아버지의 뜻에 합당해야 한다는 것을 분명히 말씀하십니다.

이 말씀은 아주 세밀하게 들어야 할 말씀입니다. 첫째, 아버지의 뜻에 반하면서도 많은 일을 할 수 있고 많은 능력을 보일 수 있다는 것입니다. 둘째, 열매의 비유와 관련해서 이 말씀을 경청한다면 주님의 이름으로 하는 많은 일들과 능력이 예수님이 말씀하신 열매와는 상관없을 수 있다는 것입니다. 귀신 쫓고 방언하고 병 고치는 은사가 나타나고 심지어 설교가 좋다고 사람이 모이고 하는 모든 것이 주님이 말씀하시고 기대하시는 열매가 아닐 수 있다는 겁니다. 놀랍지 않습니까?

주님은 다시 한 걸음 더 나아가서 이렇게 주님의 일을 감당하고 있는 자들을 향해 '불법을 행하는 자들'(23절)이라고 꾸짖으십니다. 영어성경 ESV는 "you workers of lawlessness"라고

263

번역했고, NKJ 성경은 "you who practice lawlessness!" NIV는 "you evildoers!" NLT는 "you who break God's laws"라고 각각 번역했습니다. 주님의 일을 한다고 열심을 다했는데 그게 다 범법이고 악행이고 하나님의 계명을 어겼다는 것입니다. 저 같은 목사나 교회 직분을 가진 자들이 열성적으로 하는 일이 무법적인 일이고 주님의 법을 어기는 일이고 악행을 일삼는 일이 될 수 있다는 것입니다. 그러니 하나님의 뜻을 모르고 신앙생활하는 것이야말로 너무나 억울한 일 아닙니까? 일껏 세상과 담을 쌓고 교회 일에 전념했는데 주님께서는 '나는 도무지 너희들을 모른다. 내게서 떠나라' 하신다는 것입니다. 등골이 서늘한 말씀 아닙니까?

예수님은 왜 주님의 이름으로 일한다는 사람들 가운데 내가 모른다 하는 사람들이 있다고 말씀하십니까? 아버지의 뜻과 상관없이 제 뜻대로 하기 때문이지요. 사람의 뜻을 하나님의 뜻이라고 강변하기 때문이고, 하나님의 일을 하나님의 방법이 아니라 세상의 방법으로 하기 때문이지요. 세상의 방법으로 했는데 열매가 많아졌다고 해서 그게 하나님의 일이 될 수는 없습니다. 사람의 뜻을 따라 했더니 많은 열매가 맺혔다고 그게 하나님이 인정하는 열매가 될 수는 없습니다. 무엇보다 하나님의 일은 하나님의 성품으로 변한 하나님의 사람이 하는 일입니다. 그리고 그 일은 사람이 열매가 많다 적다고 판단할 수 없습니다.

예수님은 한 영혼의 가치를 천하보다 귀하게 여기십니다. 그러면 온 세상보다 귀하게 여기는 한 영혼을 주님께로 돌이킨 전도자의 삶과 후세에 남길 어마어마한 교회 건물을 지은 목회자의 삶을 놓고 주님이 어떤 평가를 내리시겠습니까? 예수님은 인간의 평가와 하나님의 평가가 전혀 다르다고 말씀하십니다.

> 35 내가 주릴 때에 너희가 먹을 것을 주었고 목마를 때에 마시게 하였고 나그네 되었을 때에 영접하였고 36 헐벗었을 때에 옷을 입혔고 병들었을 때에 돌보았고 옥에 갇혔을 때에 와서 보았느니라 37 이에 의인들이 대답하여 이르되 주여 우리가 어느 때에 주께서 주리신 것을 보고 음식을 대접하였으며 목마르신 것을 보고 마시게 하였나이까 38 어느 때에 나그네 되신 것을 보고 영접하였으며 헐벗으신 것을 보고 옷 입혔나이까 39 어느 때에 병드신 것이나 옥에 갇히신 것을 보고 가서 뵈었나이까 하리니 40 임금이 대답하여 이르시되 내가 진실로 너희에게 이르노니 너희가 여기 내 형제 중에 지극히 작은 자 하나에게 한 것이 곧 내게 한 것이니라 ____
>
> 마 25:35-40

이 말씀을 통해 예수님은 우리가 열매라고 생각하는 것과 주님이 열매라고 생각하는 것, 우리가 하나님의 일이라고

반석 : 좋은 성품의 집

생각하는 것과 주님이 하나님의 일로 여기는 것이 다를 수 있다는 것을 알려 주십니다. 또한 우리가 능력이라고 생각하는 것과 예수님이 능력이라고 생각하는 것도 다를 수 있다고 알려 주십니다.

예수님이 원하시는 열매는 무엇입니까? 내 성품의 변화입니다. 예수님이 능력이라고 하시는 것은 무엇입니까? 지극히 작은 사람 하나를 돌보는 것을 능력이라고 말씀하십니다. 양과 염소를 가를 때 누구를 양 떼로 분류하실지의 기준을 알려 주신 것입니다.

고난이 닥칠 때 판가름 난다

이제 예수님은 첫 설교를 마무리하십니다. 지금까지 하신 말씀의 목적은 신앙을 통해 무너지지 않는 인생을 살라는 것입니다. 심판 받지 않도록 하라는 것이지요. 그래서 다시 한 번 분명한 그림언어로 강조하십니다.

24 그러므로 누구든지 나의 이 말을 듣고 행하는 자는 그 집을 반석 위에 지은 지혜로운 사람 같으리니 25 비가 내리고 창수가 나고 바람이 불어 그 집에 부딪치되 무너지지 아니하나니 이는 주추

를 반석 위에 놓은 까닭이요 26 나의 이 말을 듣고 행하지 아니하는 자는 그 집을 모래 위에 지은 어리석은 사람 같으리니 27 비가 내리고 창수가 나고 바람이 불어 그 집에 부딪치매 무너져 그 무너짐이 심하니라 ____마 7:24-27

예수님은 집 짓는 사람 둘을 등장시킵니다. 한 사람은 지혜로운 사람입니다. 생각이 깊고 신중하고 총명한 사람입니다. 그는 반석 위에 집을 짓습니다. 또 한 사람은 모래 위에 집을 짓는 어리석은 사람입니다. 주어진 건축 재료는 같습니다. 집의 형태도 차이가 없습니다.

주님의 말씀을 두 사람이 같이 들었습니다. 한 사람은 듣고 말았습니다. 들은 것이 전부입니다. 듣고 감동했을 수 있습니다. 어쩌면 듣고 감동해서 눈물을 흘렸을 수도 있습니다. 그러나 듣고 나서 행동에 옮긴 것은 아무것도 없습니다. 그러나 다른 한 사람은 말씀대로 살기로 결단했습니다. 두 사람의 삶은 언제 그 차이가 드러납니까?

인생이 늘 평탄하기만 하면 상관없습니다. 말씀을 듣고 감동으로 끝나건 실천하건 차이가 없습니다. 문제는 누구에게나 어려움이 닥친다는 것입니다. 살다 보면 반드시 고난과 역경이 닥친다는 것입니다. 그때 판가름이 납니다. 비가 오고 강이 범람하고 태풍이 불면 드러납니다. 지진이 닥치면 드러납니다.

반석 : 좋은 성품의 집

그때 열매 맺은 삶과 열매 없는 삶이 갈라집니다. 견딜 수 없는 상황에 빠지고 내 힘으로 어쩔 수 없는 사람을 만났을 때 성품이 변한 사람과 성품이 변하지 않은 사람은 그 차이가 드러납니다. 왜 신앙인이어야 합니까? 왜 신앙 없이 살면 안 됩니까? 내가 본질적으로 변하지 않으면 인생의 문제가 근본적으로 아무것도 해결되지 않기 때문입니다. 변하면 인생의 모든 문제가 달라집니다. 내 안의 태도가 달라졌기 때문입니다. 변하면 모든 관계가 달라집니다. 내 영적인 태도가 달라졌기 때문입니다.

예수님의 산상수훈은 진정한 신앙인은 누구냐에 관한 말씀으로 시작해서, 참 신앙인의 영적인 태도는 어떠해야 하는지로 매듭을 짓습니다. 결론은 무엇입니까? 성품의 변화만이 하나님 나라를 유업으로 받는다는 것입니다. 성품이 변하지 않고는 하나님의 일을 할 수 없다는 것입니다. 전심으로 회개하지 않고, 진정으로 변하지 않고 주여 주여 해봐야 주님은 나는 너를 도무지 모른다고 하신다는 것입니다. 제게 하시는 말씀이고 여러분에게 하시는 말씀이고 이 땅의 모든 크리스천에게 하시는 말씀입니다. 예수님이 제자들을 곁에 두고 시작하신 말씀입니다. 그러나 끝날 때는 많은 무리가 듣고 있습니다.

28 예수께서 이 말씀을 마치시매 무리들이 그의 가르치심에 놀라니 29 이는 그 가르치시는 것이 권위 있는 자와 같고 그들의 서기

이 말씀을 수없이 읽거나 설교를 들었을 것입니다. 그런데 이 말씀에 충격을 받은 적이 있습니까? 아니면 이 말씀에도 충격 받지 않는 자신한테 충격을 받았습니까?

마태는 예수님의 말씀이 서기관들과 달랐다고 기록하고 있습니다. 그는 예수님의 말씀이 권위 있는 말씀이라는 것을 알았습니다. 권위는 하나님으로부터 오는 것입니다. 권력은 사람으로부터 오나 권위는 사람에게서 비롯되지 않습니다. 내 안에 하나님이 계시면, 하나님의 말씀이 묵상되면 권위는 인위적이 아니라 자연스러운 것입니다. 그러나 인간은 권위를 조작합니다. 그것을 권위주의라고 부릅니다. 권력으로 권위를 조작하고 돈과 인기로 권위를 만들어 내고 미디어와 다른 여러 가지 수단으로 권위를 만들어 냅니다. 그러나 오래 못 갑니다. 반드시 파탄을 맞고 맙니다.

예수님의 권위 앞에 무릎을 꿇게 되기를 바랍니다. 예수님의 말씀 앞에 공손히 엎드리기를 바랍니다. 충격을 받기를 바랍니다. 충격이 너무 큰 나머지 고래 힘줄 같은 내 자아의 끈이 끊어지기를 바라고 바위같이 단단한 마음이 쪼개지기를 바라고 내가 고운 가루처럼 갈려서 소리가 나지 않기를 바랍니다. 내 안에서 진정한 변화가 시작되기 바랍니다. 너무 변해서 사람들이 무슨 일이냐고 묻는 일이 있게 되기를 바랍니다. 성품이 너무 변해서 다른 사람 같다는 말을 듣게 되기를 바랍니다. 그때 천국이 임할 것입니다. 그렇게 변한 사람은 예수님이 하나님 나라의 잔치에 초청할 때를 알고 이미 예복을 입고 기다리는 것과 같습니다. 그 얼굴에 늘 기대가 있고 기쁨이 넘칠 것입니다. 이제 예수님의 말씀을 따라 영원한 천국 시민으로 사십시오. 비록 한국 국적을 갖고 살지만 하나님 나라의 원래 국적을 회복하셨다는 사실을 잊지 마십시오.

What is maturity?